Rêves et Souvenirs, poésies

Rêves et Souvenirs

Poésies de Pierre Ménétrier, écrites entre 1913 et 1919,
rassemblées et mises en forme par son petit-fils Pierre Moine

Introduction

Mon grand-père Pierre Ménétrier était photographe. Il écrit, dans ses Mémoires : « Un jour, dans la tribune de l'Aube, j'ai lu : M. Faivre, photographe Mery s/ Seine demande opérateur pour visiter les écoles. J'aime la photo et je choisis la liberté. Je suis donc parti sans larmes, passant par Mery faire la connaissance de mon patron et prendre livraison du matériel, fonds et plaques, appareil, pied, châssis, sac de rechargement, le tout pesait bien une cinquantaine de kilos. J'en équipe ma bicyclette et pars pour mon « tour de France » ». La guerre interrompra cette vocation, mais pas son désir de témoigner. Ses poèmes sont comme des instantanés, pris sur le champ de bataille :

J'ai consigné le fait divers

Comme la pensée du moment

(Vous qui lisez)

Il était bachelier, le degré d'instruction N° 5 dans la classification de l'administration militaire (le plus élevé). Il termina son instruction au collège de Bar-sur-Aube, après être passé par le petit séminaire à Troyes, puis à St Dizier. « Ça y est, j'ai passé mon bachot et je suis reçu, sans mention, j'aurais pu mieux faire, bien sûr. Mais la politique est pour moi un apostolat qui m'absorbe au point que j'en néglige mes études ». Son instruction lui donne un recul par rapport aux réalités sociales et aux événements, et il s'engage très tôt dans la vie politique : « D'ailleurs le grain des idées libres germait en moi. Je composais des vers frénétiques, où roulaient mélangées les plus généreuses idées et les plus absurdes, une réaction brutale me poussait aux extrêmes. Je ne lisais plus Marc Sangnier – Mais Jean Grave et Lorulot et « l'Anarchie » de Mme Maîtrejean… ». A l'occasion de la grève des vignerons de la Marne il adhère au parti socialiste à l'âge de 15 ans. Cet esprit non conformiste ne l'a jamais abandonné :« C'est la liberté, que j'aimais gosse, dans les bois sauvages. La liberté et la justice, dans mes croyances, c'est elle qui m'a fait chasser de St Dizier. Ma jeunesse éclatait en refrains sanglants : « Nous prendrons vos cités, le drapeau rouge au poing » – Je n'ai jamais, délibérément, tué une mouche. » Cet idéal pacifiste le conduira à refuser une affectation comme officier. « La semaine suivante on a fait la répartition des spécialités. Ballant qui n'avait jamais tenu d'aiguille de sa vie a été promu tailleur, un vrai filon, une bonne planque. Et moi ! Ça a été plus long... on m'a convoqué au bureau de l'adjudant. « – Garde à vous...

– Soldat Ménétrier matricule 1416,gueulai-je d'une voix énergique en claquant des talons. Je n'ai pas l'air d'attraper les mouches en saluant...

–Soldat Ménétrier c'est très bien, vous êtes bachelier.

– Oui mon adjudant.

–Très bien

 Peut-être est-ce ma voix martiale qui me met dans ses bonnes grâces...

–Repos ! Nous vous inscrirons officier au peloton élèves officiers, cela vous fait plaisir?

– Non, mon adjudant.

–Comment !

– Ma religion me l'interdit. Je décline tous les honneurs, je dois 3 ans rester soldat de 2ᵉ classe.

Il s'est levé, l'adjudant «La Crête», suffoqué n'en croyant pas ses oreilles.

– Mais vous semblez devoir être un bon soldat

– Je serai un bon soldat ne m'en demandez pas plus. » »

Il écrit ses vers pendant les moments de calme :

J'écris ces vers dans une étable

Et ne les ai jamais finis

(Hiver)

6

Il en parle dans ses Mémoires : « ...ce fut la Belgique, débarquement à Poperinghe, poste de secours Boezinghe, et nous brancardiers régimentaires, Langemarel, Pilken, le canal d'Ypres. C'est là qu'au lieu de dormir comme les autres, bien souvent j'écrivais sur un vieux carnet taché de boue et de sang. Tu les liras peut-être Petit Pierre[1]. Ils sont un peu de moi. A cette époque le major Viry qui m'avait vu écrire me demandait de les lui lire. Les officiers l'apprirent et le général en chef, peut-être Foch, me demanda de venir à l'état-major pour en donner lecture. J'ai refusé. – Monsieur le major je vous les confie, lisez leur vous-même. Etais-je bête, intransigeant, sectaire. Cette offre là c'était pour moi la « bonne planque ». Mais je n'ai pas voulu. Je ne sais même pas pourquoi »et il écrit aussi plus tard pendant sa maladie : « Le lendemain le major Viry vint me voir. Je ne pouvais plus me lever. « Allons Ménétrier ce n'est rien – courbatures fébriles – Je vous envoie pour quelques jours à l'infirmerie divisionnaire d'Elverdinghe vous reposer. Promettez moi d'écrire là-bas aussi quelques vers et de me les envoyer. Voyez-vous cela que nous n'ayons plus notre poète. » » En fait il restera 2 mois à l'hôpital suite à la typhoïde. « La guerre n'est toujours pas finie. J'écris parfois des vers que j'envoie au major Viry. Il me répond toujours amicalement. » Plus tard il recopiera ses vers pour en faire un livre : « Morhange pour moi, c'est notre défilé victorieux sans combat sans les villages de la Lorraine reconquise. Tupourras le lire dans cet album rouge où j'ai recopié mes vers. » De cet album, moi, son petit-fils, j'ai fait ce livre.

Petit enfant, il prend pour la première fois conscience de la mort : « Je suis devant la maison basse de mes premiers pas, et j'appuie sur la poignée de la borne fontaine. J'entends quelqu'un dire en passant : « Clément

[1]Moi, son petit-fils

7

est mort ». Clément mon cousin, mon voisin, il habite en face – mon meilleur ami ! … et nous avons tous deux 5 ans. Clément est mort ! Je ne sais trop le sens des mots mais j'ai vaguement compris que l'eau coulait encore quand lui n'était plus là … et j'ai pleuré ».La mort des enfants de 20 ans, il la côtoiera chaque jour de la guerre :

Pauvres soldats, pauvres enfants aux rêves d'or

Et que leur mère attend sur le seuil de la porte

Ils sont morts et quelqu'un les prend et les emporte

(Le soir tombe)

Enfant, encore, il découvre l'armée : « Les soldats ! Les soldats ! Tout le monde a couru. Papa me portait et du sommet de ses robustes épaules les deux mains sur sa tête blanche et chauve j'ai tout vu. Ils passaient là… sur leurs chevaux, cuirassés, droits, dans leurs armures, casqués d'or, panachés de rouge, magnifiques, le sabre nu. Que c'était beau ! Nous étions, juste en ce meilleur endroit, d'où l'on domine les deux côtés. Ceux qui montaient, devenaient devant nous formidables, nous effleuraient presque du poitrail de leurs montures, puis ils passaient et s'en allant s'amenuisaient pour disparaître. Je sens encore le goût de la poussière, l'odeur des chevaux et celle des hommes. C'est la première fois que j'ai vu des soldats. Pas la dernière hélas… ». Cet enthousiasme, il le vivra pendant des manœuvres avant la guerre : « Réveil en fanfare tenue d'exercice, à 10h présentation du régiment au colonel. Garde à vous ! Présentez armes ! Impeccable, tous les fusils à la même fraction de seconde, toutes les mains claquant sur les crosses: un genre de sport… comme un autre. Ça ne me déplaira pas. Pour défiler, arme sur l'épaule droite… La fanfare, des torrents d'harmonie, toutes ces têtes tournées vers le drapeau en arrivant à sa hauteur, ces gestes d'automates. Le colonel sur son cheval le sabre droit, les manœuvres de Jaucourt, et pourtant un frisson me parcourt, glace mes tempes, crispe mes joues et me durcit le menton. C'est beau et que c'est bête de trouver cela beau. » A la déclaration de guerre cet enthousiasme fera place à un sentiment plus complexe :

> *Mais par un soir d'été sur nos fronts endormis*
> *Sonna dans la caserne, un diane en sursaut*
> *L'adjudant nous cria nous partons, mes amis*
> *Notre main frémissait en formant les faisceaux*

> *Et peut être d'orgueil peut être de souffrance*
> *Notre cœur a battu, comme une feuille tremble …*
>
> (Juillet 1914)

Son éducation chrétienne lui avait appris l'amour des hommes et de la justice. Déjà au Petit Séminaire, à Troyes : « Je découvrais sous l'impulsion de quelque abbé – le socialisme chrétien – Marc Sangnier, par un chemin qui n'était plus le même, me conduisit sur les pas du Christ – Le sacrifice qu'il demandait n'était plus la souffrance offerte à Dieu, comme le sang répandu aux pieds des idoles, mais l'amour des hommes et leur solidarité ». Il n'aura jamais de haine face à l'ennemi :

> *Quand le dernier regard d'un blessé vous supplie*
> *Qu'on s'est penché vers lui et qu'il vous tend la main*
> *Il semble qu'on pardonne et parfois qu'on oublie*
> *Et l'ennemi n'est plus alors qu'un être humain*
>
> (Aux blessés)

« Tedirais-je aussi quand nos avant-postes étaient à dix mètres des leurs [les allemands] et quand eux comme nous, nous avions de l'eau jusqu'à la poitrine, que bien des jours d'un accord respecté nous montions debout sur nos tranchées, ils nous passaient des cigarettes, nous leur portions des boîtes de singe – nous nous serrions la main et nous parlions nous essayions de nous comprendre – et c'était beau cela cette fraternité des hommes qui se tuaient hier qui se tueront demain et qui auraient voulu s'embrasser. – Achtung offizier. Plouf comme des grenouilles nous replongions dans nos mares jusqu'à ce qu'un coup de sifflet nous prévienne que le péril était passé.Je ne crois pas que nos officiers à nous aient ignoré ces faits, ils laissaient faire, eux. Mais en haut lieu dès que l'on apprit pareils agissements je crois que l'on fit tirer nos 75 sur eux au moment même où nous parlions, la trêve fut rompue. Imaginez donc messieurs les bien-pensants, Mmes de la Grenouillère du Bénitier – avec qui ferait-on la guerre si l'habitude s'en trouvait prise. »

La famille est pour lui la référence principale dans l'existence, mais ses études terminées, la vie politique l'absorbe : « Je rentre bien souvent à Jaucourt à la pointe du jour. Hier j'ai rencontré mon père qui la faulx sur l'épaule montait aux Boyons. J'ai eu honte de moi c'était ma place et non la sienne. Pauvre papa, je t'ai toujours profondément aimé, je te l'ai bien dit mais pas assez montré. Je t'en demande pardon… Ça y est, j'ai passé mon bac. Enfin !! que vais-je faire maintenant. C'est une question que je me pose assez peu. Je ne m'occupe guère de l'avenir. Ma mère pas plus d'ailleurs, d'une activité fébrile, elle court de droite à gauche infatigable trait les vaches, porte le lait mais ne s'occupe nullement de l'avenir. Je suis son « petit Pierre », son confident, son ami. Elle est heureuse. On verra bien. » Le sentiment maternel est présent dans beaucoup de ses poèmes :

Mon cœur serait moins lourd, ma douleur moins amère
Et mon front moins pâli
De savoir que des mains douces des mains de mère
L'ont bordé dans son lit

(Les mères pleurent)

Son père, fonctionnaire retraité, s'était retiré comme propriétaire terrien à Jaucourt, Pierre Ménétrier a eu une enfance bercée par la nature et la campagne : « Mon père acheta aux confins du village face à la ligne où s'arrêtaient les trains et face aux champs face à la rivière dont on ne voyait pas la rive sous les peupliers mouvants, face au large, une maison, la dernière – la première au soleil levant. » Cette nature que la guerre détruira autant qu'elle a détruit les hommes :

Et parfois dans un cri que jette la nature

Un grand arbre meurtri tendant ses bras cassés

La mort qui couvre tout a pourtant oublié

Le seul être debout presque encore vivant

Et l'on entend la nuit, gémir sous le grand vent

Les rameaux décharnés du dernier peuplier.

(Le pays de la mort)

Mais la nature est consolatrice :

Nous avons marqué nos semelles

Au long des terres dans les prés

Nous avons pris des fruits pourprés

Sur tous les chemins inconnus

Pommes de bois, riches prunelles

Et puis nous sommes revenus.

(Promenade)

La famille, et aussi les copains : « Ah les copains, le bistrot, les rêves humanitaires. », et :

Combien de fois j'ai songé

A la douceur de l'amitié

Des joies des peines des dangers

Chacun emportait sa moitié

(Amitié)

L'amour des femmes n'est pas absent de ces six années passés à l'armée (recruté en octobre 1913, mon grand-père restera sous les drapeaux jusqu'en septembre 1919), et quand même,malgré les calmants utilisés sans scrupules par l'armée: « Quelques rescapées viennent parfois près de nous – elles essayent de nous apprendre le flamand, et le premier mot qui vient aux lèvres – ik lief u – je vous aime – Ich liebe Dich, I love you. Je le répète en toutes les langues. Elles rient – et nous rions aussi. C'est tout, le désir est mort je ne sais quelle mixture ils doivent mélanger au café. On parle de bromure. Toujours est-il que nous ne sommes plus des hommes. » Dans « Margot » :

Verse dans notre verre et l'amour et l'oubli

Car nous voulons ce soir aimer et nous griser

Regarde nous Margot de tes yeux si jolis

Qu'on laisserait le vin pour boire tes baisers

(Margot)

Mais c'est l'espoir et le rêve qui sont les plus grands consolateurs :

Les rêves nous font oublier

Ce sont les grands consolateurs

(Rêves)

Et :

O les beaux contes, les beaux rêves

Du voyage au pays lointain

Où les heures semblent trop brèves

Dont on s'éveille le matin

(Les soldats dorment)

Mais il est loin l'espoir des jours meilleurs, peut-être est-il mort avec Jaurès :« 1913. Encore quelques mois et je m'en vais soldat. Je n'en suis pas plus fier pour autant n'ayant jamais aimé ni la caserne ni les galons je ne me sens pas d'étoffe à faire un bon soldat. Je suis d'ailleurs résolument pacifiste et de ce fait antimilitariste. S'il n'y avait pas d'Armée il n'y aurait pas de guerre. Mais alors pourquoi parle-t-on de « nous faire faire 3 ans » ? C'est mauvais signe. « Si vis pacem para bellum »[2] n'est vrai que pour ceux qui possèdent le monde – si tu veux la paix prépare la paix plus d'armée permanente, une milice nationale comme le prêche notre Ami Jaurès » Mais plus tard : « Ce jour du 1er août une atroce nouvelle je n'y crois pas tant c'est monstrueux. Ce n'est pas possible. Jaurès assassiné. L'apôtre de la fraternité humaine le grand chef des socialistes, le mien ! Ah les salauds ! Je leur en veux plus qu'aux autres d'en face. Assassiner un tel homme ! Mais la main qui tue n'est pas seule coupable. Les lâches qui l'ont armée... Je pense qu'avec nos fusils et nos grenades nous pourrions aujourd'hui tous les mater, ces revanchards ! ... Je me dresse dix autres me suivent, puis cent et puis mille... Debout les damnés de la terre... Révolution. » Mais la tristesse et la résignation prendront le pas sur la révolte :

O tristesse des soirs de Guerre et de Carnage

La mort comme un bruit d'aile immense est dans le vent

Et l'on entend pleurer de souffrance et de rage

Tous les vaincus, tous les blessés tous les mourants

(Les astres veillent)

Mais, pire que la tristesse, l'incompréhension :

Quelqu'un nous a crié en passant sur la route

Où vous en allez vous, O soldats qui partez

---

[2]Si tu veux la paix prépare la guerre

Et nul n'a répondu nul ne savait sans doute
Pour quel obscur destin nous devons tout quitter

(Inconnu)

En écrivant ses mémoires, en 1954, après une autre guerre mondiale, cet homme qui avait choisi au Congrès de Tours le côté de l'Internationale communiste se rappellera :« La guerre est déclarée. On nous rassemble devant le grand portail de la ferme. C'est fait. C'est un devoir de tuer maintenant. Mais qui l'a déclarée ? Je veux savoir. Attaquons-nous, sommes-nous attaqués et j'ai crié ces mots. Nul ne m'a répondu. Je n'ai rien su et 40 ans plus tard je ne sais toujours rien. » et aussi :

« Ah s'ils savaient comme nous nous en fichons de leur victoire. Nous la faisons, nous, la Guerre. Nous les poilus, nous les terreux vêtus de peaux de biques et coiffés de pots à salade par-dessus les passe-montagnes tricotés par les marraines. Nous la faisons nous les pouilleux nous les crevards pour que ce soit la dernière la Der des Der comme dit l'autre. »

Le 11 novembre 2013

Pierre Moine

Reves et Souvenirs,

Poesies

A Madame Marthe Ménétrier

Voici des vers ! Bons ou mauvais
Pardonne moi si je les aime
C'est qu'ils sont un peu de moi même
Que je laisse quand je m'en vais

Et je m'en vais bien loin ... là bas
D'où l'on peut ne pas revenir
J'écris ces vers et mon cœur bat
Garde les comme un Souvenir

En Guise
De
Préface

Vous qui Lisez

O ne critiquez pas mes vers
Ne dites rien, très simplement
J'ai consigné le fait divers
Comme la pensée du moment

Je n'ai rien cherché d'inédit
Et n'ai pas même pris la peine
De parfaire des phrases vaines
J'écris les mots comme on les dit

Que d'autres s'ils en ont le temps
Fassent des contes et s'amusent
A chansonner sur le printemps

Petit chasseur je n'écris moi
Que pour chasser l'ennui des mois
Je suis un poète sans muse

Sur la Route

Quand la route semble trop dure
Et que le sac n'est pas léger
Lorsque parfois le temps me dure
Que je suis las j'aime à songer

Et je fais, pour moi seul des vers
Que je corrige dans ma tête
Et j'oublie les jours d'hiver
Et que la pose n'est pas faite

Chansons qui n'ont rien du poème
Je me berce de leurs musiques
Je les murmure et je les aime

Avec leur air mélancolique
D'être toujours inachevés
Ce sont des vers que j'ai rêvés

Rêves et Souvenirs

Ce sont des pages attristées
Les battements d'un cœur lassé
Et c'est le rêve du passé
Et des choses que j'ai quittées

Comme un homme le soir venu
Repense à son dernier matin
Moi je me suis ressouvenu
De tous ces jours brumeux, lointains

De la vie triste des tranchées
Des morts des mourants des blessés
Moisson quotidienne fauchée
Qui n'est pas même du passé

Des nuits tristes de la relève
Des granges où l'on a dormi
Je n'ai des larmes et des rêves
Rien oublié rien omis

… Les soldats vont sur le chemin
Les soldats vont vers l'avenir
J'ai pris mon front entre mes mains
Et j'essaye de me souvenir

Puis le cœur morne j'ai pensé
A de très lointains horizons
A mon pays à ma maison
A tous ceux que j'avais laissés

Il m'a semblé voir la cité
Pleine de bruit et de chansons
Tandis que nous, soldats passons
Pleine d'amour et de gaieté

Et j'ai senti comme des ailes
D'oiseaux qui semblent revenir
Palpiter en moi tous fidèles
Mes rêves et mes Souvenirs.

Trophées

Des souvenirs des souvenirs regardez en voici
Notre musette est pleine et notre cœur aussi

Les uns ont rapporté des casques des grenades
Des aigles, des fusils, ou des éclats d'obus
Comme un bouquet cueilli dans une promenade
D'autres non rien gardé, d'autres n'ont rien voulu

Et d'autres n'ont rien pris je serai de ceux là
Pas même un souvenir pour les années futures
Que le corps simplement douloureux desblessures
L'âme sanglante et le front vide et les yeux las

Mais quand ils parleront plus tard des jours passés
Un soir d'hiver que l'on aura fermé la porte
Ils diront aux enfants voyez j'ai tout laissé
Mais mon cœur plein de souvenirs je vous l'apporte

Juillet 1914

On disait aurons nous cette fois ci la guerre
En lisant le journal et le soir les dépêches
Et l'air bruyant sentait alors la poudre sèche
On en parlait beaucoup tout en y croyant guère

Mais par un soir d'été sur nos fronts endormis
Sonna dans la caserne, un diane en sursaut
L'adjudant nous cria nous partons mes amis
Notre main frémissait en formant les faisceaux

Et peut être d'orgueil peut être de souffrance
Notre cœur a battu comme une feuille tremble
Tout le peuple clamait vers nous ' Vive la France "
Et nous avons chanté la Marseillaise ensemble

Notre rêve semblait un aigle mis en cage
Qui frappait de son aile en nos cœurs frémissants
C'était le premier mot, et la première page
Du livre qu'on devait écrire avec du sang

Puis sur notre âme triste et notre front lassé
Toute la nuit tomba morne comme un linceul
Et devant le bonheur perdu, les jours passés
Nous nous sommes sentis bien petits et bien seuls.

Morhange

Nous avancions de grands espoirs gonflaient nos cœurs
Nous avions arraché les poteaux des frontières
O qu'on était joyeux de se croire vainqueurs
Quels rêves insensés dans nos âmes altières !

Marsalles nous a vus marchant comme à la fête
Et le pas cadencé, les drapeaux frémissants
Le régiment tambour battant musique en tête
Nous recevions les fleurs que jetaient les passants

Et dans les blés fauchés rouges coquelicots
Nous courions en chantant la vieille Marseillaise
On entendait au loin nous répondre l'écho
Comme s'il comprenait notre chanson française

Les villages semblaient s'écarter devant nous
Et nous allions en bonds délirants emportés
Et nul ne résistait, mais hélas, un soir d'août
Le régiment au bord d'un bois s'est arrêté

Ah c'était autrefois il y a bien longtemps
Et l'on avait alors des horizons plus larges
Quand dans les clairs matins debout le cœur battant
Nous écoutions au vent d'été sonner la charge

Je me souviens de jours lointains inoubliés
Où nous n'avions alors ni croix ni fourragères
Rien que l'immense ivresse en marquant nos souliers
De fouler pas à pas une terre étrangère

Marsalles puis Morhange la marche la bataille
En tirailleurs ainsi qu'on nous avait appris
Nous passions en chantant sur leur faux de mitraille
Nous avons reculé mais sans avoir compris

Et nous chantions encore au soir de la déroute
Epuisés et blêmis tremblant sur nos genoux
Et nous disions aux gens éplorés sur la route
Nous reviendrons un jour restez attendez nous

Et les jours sont passés les mois et les années
Nul matin n'est encor levé sur l'inconnu
La vieille terre attend, là bas abandonnée
Le régiment français qui n'est pas revenu.

Cauchemars

Ces grands noms de bataille et ces noms de victoire
Et toute l'hécatombe immense des humains
Est ce donc vraiment une page d'histoire
Au livre que nos fils auront entre les mains ?

N'est ce donc pas plutôt dans nos fronts insensés
Fantômes qu'un rayon, des aurores effacent
Le songe qui s'en va, vite rien qu'à passer
Très doucement des mains fraîches sur notre face

Il semble par instant que l'on rêve ou qu'on joue
Et que la nuit, les morts et les cris angoissants
L'ennemi qui là bas vous tient peut être en joue
Ce n'est qu'un cauchemar qui se rougit de sang

Et que le jour venu, soudain tout va renaître
Et que nous trouverons aux places des tombeaux
En ouvrant largement demain notre fenêtre
La campagne tranquille et le ciel toujours beau

La Guerre

C'était pour nous la Guerre, une vaste épopée
Telle qu'on l'apprenait dans nos livres d'enfant
Quelques sombres romans de capes ou d'épée
Dont on sortait blessé parfois, mais triomphant

C'était quelque récit superbe de l'histoire
Flamboyant d'héroïsme et d'exploits merveilleux
Et tous ces noms de Guerre et ces noms de Victoire
Exaltaient en nos cœurs la gloire des aïeux

Et c'était emportés tourbillonnants et larges
Le frisson des drapeaux qui frémissants battaient
Et c'était les clairons ivres sonnant la charge
Dans un dernier assaut effroyable et c'était

Tant de rêves écrits dans les pages du livre
Que nous sentions en nous nos cœurs battre plus fort
Et que nous chancelions tremblantscomme un homme ivre
Devant cette beauté sublime et cette mort.

Et nous avons vécu et nous avons passé
Dans nos rêves éteints de longs jours monotones
Accroupis et courbés dans l'ombre des fossés
Parmi le sang des morts, sous le ciel gris d'automne

O comme ils sont donc loin nos rêves de naguère
Peut être serons nous, des victimes sans nom
Tombés sous une balle au bruit sourd du canon
Sans gloire sans honneur, par un matin de Guerre

Paysage

Des arbres nus déchiquetés
C'était peut être quelque route
Des amoureux ont dû sans doute
S'y attarder un soir d'été

De lourds chariots remplis de bois
De foin coupé de blé fauché
Ont creusé l'ornière autrefois
Sous le fouet cinglant du cocher

Mais désormais on ne voit plus
Par l'antique chemin sans but
Que des balles et des obus
Et de la boue quand il a plu.

Le Pays de la mort

J'avais souvent rêvé à des pays semblables
Où rien n'existe plus d'un monde dévasté
Les villes d'autrefois sont des monceaux de sable
Sous l'éternel hiver et l'éternel été

Ce qu'un rêve pouvait deviner d'insensé
N'est pas un rêve. O vous qui n'avez rien connu
Demandez donc un jour au plus humble blessé
Parle moi du pays dont tu es revenu.

C'est le pays où tout est mort
Même les bois même les champs
Et notre pied foule en marchant
Les villages d'hier encore.

Et puis quoi donc – Et puis des trous et des fossés
Où l'eau croupit sans nom toutes les pourritures
Et parfois dans un cri que jette la nature
Un grand arbre meurtri tendant ses bras cassés

La mort qui couvre tout a pourtant oublié
Le seul être debout presque encore vivant
Et l'on entend la nuit gémir sous le grand vent
Les rameaux décharnés du dernier peuplier.

Tranchées

On se regarde l'on se vise l'on se tue
On a creusé des trous pour se mettre à l'abri
Et dans la plaine grise où la terre est battue
Les villages ne sont que de fumants débris

Il pleut depuis trois jours et sur notre capote
La boue gicle et s'étale et se tache de sang
La vase sous nos pieds glaciale clapote
Il faut qu'on reste là et terrible angoissant

Le combat sans répit dure depuis des mois
On prend une tranchée on fortifie un bois
Et les pieds dans la boue étendus près des morts

Tandis que dans la nuit l'obus sinistre passe
Et que des incendies ensanglantent l'espace
Accablés et tremblants sans espoir on s'endort

Travail

Nous travaillons dans les nuits sombres
A nous creuser des parapets
Et nous faisons sans bruit dans l'ombre
Des trous profonds, des murs épais

Nous travaillons, jamais lassés
A nous construire des fortins
Pour nous pouvoir enfin dresser
Quand surgira le grand matin

Couverts de boue tachés de sang
Nous entrerons dans notre histoire
Nous sommes fiers en y pensant

Nos pics lancés sonnent plus fort
Et tous raidis dans un effort
Nous préparons d'autres victoires.

Dans l'ombre

J'ai creusé tout le jour pour me mettre à l'abri
Dans l'amoncellement de monstrueux débris
Fusils brisés sacs entrouverts
J'ai creusé tout le jour pour me mettre à couvert

Notre consigne était activer et se taire
Aussi sans dire un mot je rejetais la terre
Lèvres closes tête penchée
D'un seul coup par delà le créneau des tranchées

Corvées

La troisième section ce soir devra fournir
Et transporter deux cent sacs à terre au point B
C'est écrit, on a lu, et les mots sont tombés
Tristes sur nous j'aurais pourtant voulu dormir

Et voilà notre nuit qu'on vient de nous gâcher
J'écrivais une lettre à quoi bon la finir
Il faut aller il faut courir il faut chercher
C'est un ordre j'aurais pourtant voulu dormir

O passer dans la boue épaisse, s'égarer
Franchir des parapets, sous les balles voilà
J'ai vu des hommes forts souvent prêts à pleurer
Parce qu'ils avaient froid et qu'ils se sentaient las

Et toute notre nuit ainsi va se passer
A patauger au fond de boyaux inconnus
Demain un nouvel ordre hélas sera venu
Et le travail fini devra recommencer.

Voici le jour

Voici le jour, nous éveillons
Les poilus qui dorment lassés
Portant ses plats ses bouteillons
L'homme de soupe va passer

Il va venir sous le ciel gris
Avec des boules sur le dos
L'homme de soupe qui sourit
En avançant sous son fardeau

Il emplit gamelles et quarts
Donne des lettres, des colis
On s'assied pour manger on lit
Et l'homme de soupe repart

On boit la gnole par principe
Ça vous réchauffe en vous levant
Et puis on allume sa pipe
Dans un coin à l'abri du vent

Et quand sont vides les gamelles
Et que les pipes sont fumées
On bat tristement la semelle
Ou l'on écrit à son aimée

On se raconte en parlant bas
Des choses qui sont arrivées
Des jours passés, d'anciens combats
Ou des bonheurs qu'on a rêvés

On dit que faisais tu naguère
Ou vivais tu en d'autres temps
Et l'on répond en écoutant
Faut pas s'en faire. C'est la Guerre.

Ecrit à Calonne

Je ne vois d'où je suis en soulevant les yeux
Qu'un même bout de haie un même coin de cieux
Qui s'emplit par instant du fracas des mitrailles
Rien autre que l'azur et que ces deux murailles
Que je pourrais toucher en écartant les poingts
L'ennemi est tout près mais je ne le vois point
Et ce n'est devant moi que la terre battue

L'on ignore d'où vient la balle qui vous tue

La plaine

La plaine est triste avec ses champs avec ses bois
Avec tout l'infini serpentant de ses routes
Et l'on sent brusquement la mort planer sur soi
Peut être qu'une armée est là bas en déroute

Un aéro tournoie ainsi qu'un aigle énorme
Et glisse et disparaît les obus par instant
Font une gerbe immense et noire en éclatant
La plaine est triste et les cieux éternels sont mornes

Et sous l'azur très bleu des soldats se profilent
Et la plaine est sinistre et les arbres séchés
Le bois est sans oiseaux le vallon sans idylle

Tels des bouquets jaunis que les ruisseaux emmènent
Tous les jours tant rêvés sont morts ou sont gâchés
Comme est morte à jamais toute espérance humaine

Souchez

. C'est la vallée de la mort
Le crépuscule s'assombrit
Comme un combattant qui s'endort
Parmi de monstrueux débris

. La nuit tombe fantomatique
. Sur les villages écroulés
On croirait une ville antique
Où le tonnerre aurait roulé

. Et le soleil bas s'est couché
Derrière les pignons noircis
On s'est souvent battu ici

. Et l'on voit des formes dans l'ombre
Des squelettes dans les décombres
Ce sont les ruines de Souchez .

Souchez

C'est la vallée de la mort
Le crépuscule s'assombrit
Comme un combattant qui s'endort
Parmi de monstrueux débris

La nuit tombe fantomatique
Sur les villages écroulés
On croirait une ville antique
Où le tonnerre aurait roulé

Et le soleil bas s'est couché
Derrière les pignons noircis
On s'est souvent battu ici

Et l'on voit des formes dans l'ombre
Des squelettes dans les décombres
Ce sont les ruines de Souchez.

Attaque

Le bruit sourd d'un départ le sifflement lointain
Et sur nos nerfs tendus et sur nos fronts courbés
Un volcan qui s'allume et brusquement s'éteint
Dans un panache noir voilà l'obus tombé

Comme un aigle durant des heures semble-t-il
La mort va tournoyer sur nos cœurs angoissés
Le désespoir est vain le courage inutile
Et l'on voudrait pouvoir vivre sans y penser

Aprement dans nos chairs la mort sinistre fauche
Puis plus rien plus un mot plus un cri dans le vent
Le silence fait peur. On frémit, on est gauche
D'avoir senti la mort et d'être encore vivant

De la nuit sur nos fronts pleut un silence épais
C'est fini sommes nous vivants sommes nous morts
On s'accoude en tremblant au bord des parapets
Le cœur bat on l'entend, mais on en doute encore

Ce silence soudain après l'ivre clameur
Et le fracas s'abat d'un seul coup tout se tait
Plus rien que le sanglot d'un blessé qui se meurt
Dans le soir indistinct où la foudre éclatait

On dirait que la mort est lasse et se repose
Le soir comme autrefois brumeux simple touchant
Met une âme attristée au cœur profond des choses
Et la paix de la nuit retombe sur les champs

O mon cœur il se fait tard tu voudrais rêver
Et tu renais avec toute l'âme grisée
Du grand bonheur perdu que tu as retrouvé
Tandis que ciel de nuit s'allument les fusées

O douceur puis un cri aux armes ils sont là
Ils sont venus glissants ils sont venus rampants
Tenant entre leurs dents de larges coutelas
Aux armes ils sont là aux armes bondissants

Nous prenons nos fusils nous armons nos grenades
Baïonnette au canon et tirez coup par coup
Ils ne passeront pas aux armes camarades
Puis l'ouragan reprend et tous dressés debout

Nous clamons forcenés un air de nos voix fauves
Tels de grands bûcherons rougis par les éclairs
Feu à répétition les lâches ils se sauvent
Une odeur de sang chaud et de poudre est dans l'air

Je me suis retourné il venait du renfort
Brandissant leur fusil et chantant comme nous
Nous nous sommes comptés il y avait des morts

Et notre chant s'est tu. O calme du ciel d'août

Nous avons dit c'est fou aujourd'hui d'espérer
Voici le dernier jour que nous aurons à vivre
La vie est un roman refermons en le livre
Calmes et maintenant nous voudrions pleurer

Lorsque l'on fait tout bas ses adieux au passé
Qu'au fond de notre cœur le rêve s'est éteint
Que les noms les plus chers en nous sont effacés
Qu'importe de mourir puisque c'est le destin

Un délire de joie monte nos yeux sont ivres
Le sang de nouveau coule en nos torses et bat
Dans nos fronts on connaît l'âpre douceur de vivre
Pour avoir eu la mort en voisin de combat.

Avant l'assaut

Le cœur, montre qui se détraque
En nous cesse de palpiter
C'est l'heure grave où l'on attaque
Et les instants nous sont comptés

Les minutes coulent mortelles
Comme le sang noir des blessés
Tristes où nous emportent-elles
Loin du bonheur des jours passés

Loin du bonheur et vers la tombe
Il nous semble que nous allons
Dans le soir gris où la nuit tombe
Une heure encore ! le temps est long

On a distribué des cartouches
Des grenades et des pétards
La nuit c'est l'heure où l'on se couche
Mais où dormirons nous ! plus tard

Tout l'avenir qu'on a rêvé
Va-t-il s'écrouler fracassé
Serons nous les morts les blessés
Que des bras viennent relever

Serons nous dans la plaine nue
Ou sur les lèvres d'un cratère
Cadavre gris pâle et menu
Qui se confond avec la terre

Serons nous restés les derniers
Désemparés entre leurs mains
Partirons nous sur les chemins
La tête basse prisonniers !

Ou peut-être l'orgueil au cœur
Poussant devant nous leurs troupeaux
Tendant les bras comme un drapeau
Reviendrons nous un soir vainqueurs

A quoi sert il donc de rêver
D'attendre le cœur angoissé
Vers le destin rideau baissé
Que nul n'a jamais soulevé

Nous serons ce que l'on voudra
Des vainqueurs ou bien des martyrs
Tristes mais tous prêts à partir
Quand l'heure d'attaquer viendra.

Le Soir tombe

Paix et silence ! L'on dirait qu'au fond du soir il bat
Comme un grand cœur meurtri qui sanglote et qui pleure
Entendez ! un dernier coup de fusil : C'est l'heure
Où dans l'obscurité s'achève le combat

Et lui s'est endormi ou bien est mort là bas !
Tant il semble qu'on dorme à l'instant où l'on meurt
Mais il ne reste plus de lui il ne demeure
Qu'un geste qu'un dernier, O passants parlez bas.

Dans l'agonie du jour un blême rayon tombe
Arrêtez vous un peu regardez ils sont morts
Sans un baiser sans un regret sans une tombe

Pauvres soldats, pauvres enfants aux rêves d'or
Et que leur mère attend sur le seuil de la porte
Ils sont morts et quelqu'un les prend et les emporte

Les Morts
&
Les Blessés

Epitaphe

O soldats ! nous n'aurons hélas pas une pierre
Pour y graver vos noms à jamais inconnus
Et nul n'aura posé sur votre beau front nu
Ce baiser que l'on met pour clore les paupières

O pauvres corps jetés sans linceuls à la terre
Ce long baiser d'adieu suprême et sanglotant
Ce baiser, le dernier ce baiser là vos mères
Ne le donneront pas hélas en vous quittant

Nulle main ne viendra jeter de fleurs sur vous
Rien que le vent qui souffle et la neige qui tombe
Nul être ne viendra pour s'y mettre à genoux
Et c'est un coin de champ qui sera votre tombe

Les Anonymes

Soldats morts ignorés héros dignes d'Homère
Nul ne connaît les coins perdus où vous dormez
Et vous n'entendrez pas pleurer sur vous les mères
Qui vous ont mis au monde et qui vous ont aimés

Et le temps creusera sur leurs faces des rides
Et leurs yeux seront las d'avoir longtemps pleuré
La place des absents restera toujours vide
Les soldats seront morts obscurs et ignorés

C'était par un matin, peut-être par un soir
Où les balles pleuvaient ainsi que des grêlons
On s'ajustait dans l'ombre on se tuait sans se voir

Ils sont tombés ! Nul ne sait où, dans un vallon...
Ou dans un coin de bois, dans un champ labouré
Et personne jamais ne les aura pleurés.

Dernier Adieu

Les mourants lentement achèvent de mourir
Dans la nuit et penchés haletants éperdus !
Sur leur souffle suprême et qui n'est qu'un soupir
Nous leur avons parlé ils n'ont pas répondu

Et tournant à demi leurs grands yeux angoissés
Ils nous ont regardés sans paraître comprendre
Et d'un dernier geste à la fois grave et tendre
Nous avons pris leurs doigts et les avons pressés

Ce fut le seul adieu qu'ils eurent sur la terre
Comme un dernier baiser qu'on met au front des morts
Et nous ne pouvions rien que songer et nous taire

Nous qui demain peut être aurons le même sort
Et debout auprès d'eux nous sommes demeurés
Sans un seul mot pensifs et nous avons pleuré.

Héros

Il est des morts si grands qu'on s'incline près d'eux
Et qu'on n'oserait pas les regarder en face
Leurs suprêmes sommeils ne semblent pas hideux
Ils dorment et qu'importe un vain nom qui s'efface

Il est des morts si grands qu'il faut qu'on les salue
Et qu'on baisse le front devant tous leurs tombeaux
Leur mort ils l'ont choisie et l'ont presque voulue
Ils sont tombés un jour. Ils sont grands ils sont beaux

O soldat qui partait et n'est pas revenu
Toi qui reste sans nom sans tombe dans la foule
Anonyme de ceux qui sont morts inconnus

Peut être que sur toi riront les amoureux
On ne saura pas même un jour que l'on te foule
Il est des morts très grands et tu seras près d'eux.

Les Morts

Encore un nom de plus à marquer sur la liste
De ceux là des amis qui ne reviendront pas
Une nouvelle fosse auprès d'autres là bas
Sous le ciel gris d'hiver indiciblement triste

Encore un nouveau mort hélas que l'on emporte
Parmi la boue horrible et noire des tranchées
Une nouvelle vie à tout jamais fauchée
Encore un disparu qu'on attend sur la porte

Femmes c'est votre époux, Mères votre petit
O pauvres orphelins rieurs c'est votre père
Rappelez vous un soir de Juillet il partit

Enfants, mères épouses et vous tous qu'il aimait
Il est mort maintenant c'est fini qu'on espère
Ceux que vous attendez ne viendront plus jamais

Lettres

On l'a trouvé couché au bord du parapet
Il avait mis sa main sous lui comme oreiller
Si bien que cette pose immobile trompait
Et qu'on avait envie, presque de l'éveiller

En fouillant j'ai trouvé un sachet sur sa peau
Qui contenait bien clos des lettres de sa mère
Il écrivait chez lui qu'il était au repos
C'est pour l'éternité que ses yeux se fermèrent

Pauvre homme dont la femme espère sans savoir
Que le malheur a fait de plus ce crime odieux
Et qui pleure le soir en remerciant Dieu
De lui garder celui qu'elle ne doit plus voir

Nous avons lu et puis nous avons replacé
Ces feuillets près de lui comme avec un remords
Quelqu'un alors a dit d'autres l'avaient pensé
"Enterrez les aussi dans la fosse des morts ' .

Cimetières

Sur le bord du chemin ou dans l'herbe des champs
Ils dorment leur dernière et leur suprême nuit
Et Rien qu'une humble croix qui semble en se penchant
Offrir à leur sommeil son rameau noir de buis

Ce sont les soldats morts ! côte à côte couchés
Et voisins de combat et voisins dans la tombe
Un bouquet de fleurs git depuis longtemps séché
Sur eux ! et le jour nait et meurt et la nuit tombe

Ils sont en rangs serrés ainsi qu'à la revue
Pour un lointain départ et semblent avoir froid
Tant leur place est petite et tant la terre est nue
Tant est triste sur eux et lugubre leur croix !

Ils ont froid d'être là sur le bord de la route
Où les soldats s'en vont indifférents blêmis
Et les âmes des morts doivent pleurer sans doute
De ne jamais entendre un son de voix ami

Dans le champ du repos nul ne viendra pleurer
Et les croix tomberont sans être remplacées
Nul ne saura vos noms O soldats qui mourez
Quand la pluie et le vent les auront effacés

Et loin de vos tombeaux sans même les connaître
Seuls et je ne sais où ceux qui vous ont aimés
Gardent vos noms gravés au plus profond de l'être
Ainsi qu'un souvenir dans un livre fermé

Des noms écrits

Des noms, de simples noms ; la croix mal façonnée
Penche sous le ciel gris ses deux bras de bois blanc
Et puis le régiment le jour, le mois, l'année
Que des mains de soldats ont écrits en tremblant

Un mot toujours le même "est mort pour la patrie"
Le casque qu'il avait alors qu'il fut blessé
Sur un morceau de bois auprès de fleurs flétries
Le casque s'est rouillé le nom s'est effacé

Il ne reste plus rien dans la plaine infinie
Que des milliers de croix sur le sol labouré
Des croix aux bras brisés, tombes aux fleurs jaunies
Où personne jamais ne les viendra pleurer

C'est le champ du repos. "les tombes militaires"
Parfois un régiment les salue en passant
Puis dans le jour d'automne où tôt le soir descend
Les croix ne font plus qu'un grises avec la terre

Les morts sont seuls

O qu'il doit être doux sur les fronts endormis
Le bruit d'un pas léger
Comme au cœur des enfants la chanson d'un ami
Qui fait dormir et fait songer

Et dans le cimetière à l'ombre du clocher
Sous le parfum d'un Chrysanthème
Il fait bon être mort lorsqu'on entend marcher
Et pleurer sur soi ceux qu'on aime

Mais quand les morts sont seuls sur le bord du chemin
Seuls et couchés nus dans la terre
Et que nul n'est venu ni ne viendra demain
Jeter le son d'une prière

Comme il doit être triste le sommeil éternel
Des inconnus des ignorés
D'effroyables chagrins montent à leurs prunelles
Qui ne pourront jamais pleurer

Et si leurs os pouvaient nous jeter leur tourment
Et si les morts savaient parler
Ils diraient j'ai pleuré dans la tombe maman
Et tu ne m'as pas consolé.

Sans tombes

Pas un coup de fusil dans le brouillard épais
Il faisait froid j'ai fait ce rêve de marcher
Et j'ai franchi sans bruit le mur des parapets
Devant l'immense champ où les morts sont couchés

Je n'ai jamais eu peur des morts mais j'ai tremblé
En voyant leurs squelettes aux yeux profonds crevés
Ils étaient là couchés, tels des épis de blé
Depuis des mois sans qu'on vienne les relever.

O sinistre vision dans un affreux décor
Des trous d'obus remplis d'eau des fusils brisés
Des bras coupés des pieds des crânes et des corps
Effrayants, enlacés, dans un mortel baiser

Et tels ils sont tombés, tels ils seront restés
Les morts blafards sous les boueux éclats de fer
Et tour à tour brûlés par les soleils d'été
Glacés blêmis, enfouis sous les neiges d'hiver

O pauvres corps laissés sans sépulchre et sans tombe
J'ai frémi près de vous qui n'aviez rien d'humain
Et si je dois mourir, s'il faut que je succombe
Que l'on m'enterre au moins sur le bord du chemin

1er Novembre

Pas de Couronnes sur leurs tombes
Un peu de terre un peu de sang
Qu'on ne voit pas même en passant
Sous le ciel gris la neige tombe

Voilà les morts qui sont couchés
Nul ne viendra prier ici
C'est le vallon de Carency
Ou bien le ravin de Souchez

Une croix sur un monticule
Qui chaque jour s'affaisse plus
Et de la boue quand il a plu

Leur nom pas même n'est tracé
Et dans le jour des trépassés
Sur eux descend le crépuscule

Il neige

Il neige, c'est le soir, il neige sur les morts
Sur les morts délaissés sans cercueils et sans tombe
Comme un drap qu'on étend sur un enfant qui dort
La neige s'épaissit, sur eux, la neige tombe

On dirait qu'une main invisiblement sème
Des pétales de fleurs plus légers et plus fins
Et sur les corps tombés aux yeux creux au front blême
Pitoyable le ciel d'hiver neige sans fin

Ce que la mort avait d'effrayant s'amoindrit
Ce qu'elle a de hideux s'estompe puis s'efface
La neige doucement s'effeuille du ciel gris
Pour poser sur les morts son grand linceul de glace

A ceux qui m'aiment

Pourquoi pleurer tant sur les morts
Ne sont-ils pas les plus heureux
Ils n'ont ni peine ni remords
Le Grand oubli descend sur eux

Pourquoi pleurer sur les amis
Ceux là du moins ne pleurent pas
Nous nous souffrons à chaque pas
Eux simplement sont endormis

Ne pleurez plus ils sont là-bas
Loin des larmes et des combats
Jetez des fleurs sur chaque tombe

Nous ne sommes que des passants
Si par un soir amis je tombe
Ne pleurez pas en y pensant

Les blessés

O dans le soir tous les blessés
Qui se traînent sur les chemins
Ce front sanglant les bras cassés
Sur leurs genoux ou sur leurs mains

Ceux qui ne peuvent plus marcher
Et qui voudraient marcher encore
Ceux qui tombent pleurants couchés
Dans les fossés auprès des morts

O que j'en ai d'eux rencontrés
Couverts de boue tachés de sang
Et qui dressaient vers les passants
Leurs pauvres torses éventrés

Dites vous allez m'emporter
O ne me laissez pas mourir
On voudrait tant les écouter
On sait hélas qu'il faut partir

On leur répond nous partons mais
Nous allons venir tout à l'heure
Les mourants appellent et pleurent
On ne reviendra plus jamais

O que j'en ai vus de ces blessés
Qui restaient ainsi sur la route
Pauvres, qui seront morts sans doute
Parce qu'on les avait laissés

Et j'en ai vus d'autres hideux
Les moignons rougis et sans mains
Si laids que l'on tremblait près d'eux
Tant ils n'avaient plus rien d'humain

D'autres qui ne pouvaient parler
De leurs lèvres sanguinolentes
Qui jetaient dans nos épouvantes
Leurs longs cris inarticulés

Et j'en ai vus dans les tranchées
Etendus contre un parapet
Que quelque balle avait couchés
Qui semblaient s'endormir en paix

Et quand se taisait le canon
Ils râlaient dans le grand silence
On leur disait souffres-tu ? – Non
Tu vas partir à l'ambulance

O tous ces mots pour consoler
Si bons et si doux et si tendres
On est triste de leur parler

Eux ne semblent pas même entendre

O dans le soir morne qui tombe
Blêmis et tremblant et glacés
Dans le soir les mourants succombent
O dans la nuit tous les blessés.

Dernier appel

Comme une voix d'enfant la clameur des blessés
Cri de soldats perdus qui n'ont pu revenir
Douloureux à pleurer tant il est angoissé
O le dernier appel de ceux qui vont mourir

Il pleure dans la nuit sourdement puis s'éteint
Ils ont cessé de vivre et cessé d'appeler
Des créneaux on verra leur corps demain matin
Raidi sanglant boueux dans les fils barbelés

Et c'était affolé, ce cri sans rien d'humain
Si triste qu'on aurait voulu demeurer sourd
Que de fois, j'ai tremblé la tête dans mes mains
Maintenant tout se tait. Moi je l'entends toujours

O cette voix si triste. O cet appel des morts
Qui pleure qui supplie et brusquement se tait
Ce râle d'agonie qui dans l'ombre montait
Il me semble en fermant les yeux l'entendre encore.

Consolateurs

Nous l'emportons blessé pauvre être qui gémit
Et pour qu'il souffre moins à chacun de nos pas
Sondant l'obscurité et penché à demi
Nous allons lentement et lui parlons très bas

Quel serait donc le mot pour calmer la souffrance
Tel le chant maternel qui le berçait petit
Nous lui parlons d'un coin pauvre et lointain de France
Qu'il ira retrouver et dont il est parti

Alors il semble enfin que sa blessure ferme
Car nous avons fait naître en lui des souvenirs
Alors les yeux mouillés, résolus, le cœur ferme

Nous l'emportons sans bruit à travers les chemins
Lui qui n'a plus qu'une heure espère au lendemain
Et lui qui sanglotait sourit à l'avenir

Aux blessés

Quand le dernier regard d'un blessé vous supplie
Qu'on s'est penché vers lui et qu'il vous tend la main
Il semble qu'on pardonne et parfois qu'on oublie
Et l'ennemi n'est plus alors qu'un être humain

C'est pourquoi dans nos bras, sans bruit, très doucement
De nos doigts engourdis nous pansons leurs blessures
Et pourquoi nous avons la douceur des mamans
Qui sait calmer et qui console et qui rassure

Alors de leurs grands yeux qui se voilent si tendres
Et murmurant des mots que l'on ne peut comprendre
Les blessés inconnus se retournent vers nous

Et peut-être là-bas, leurs mères à genoux
Prient Dieu en pleurant de leurs yeux angoissés
Et nous mettons la main sur le front des blessés.

Disparus

Ils sont partis un soir tous les quatre en patrouille
Et le fusil en main et courbés en marchant
Longeant le bois touffu dont le feuillage rouille
…Je les vis disparaître au loin parmi les champs

Ils m'avaient dit : Adieu et laissé leur adresse
Pour que je puisse au moins écrire à leur maman
Ils sont partis tremblants et pourtant sans faiblesse
…Et je les vis là bas s'arrêter un moment

Et puis le soir tombé je me suis endormi
Parmi le cauchemar horrible des tranchées
Je n'ai jamais depuis revu mes quatre amis

Et quel est donc l'endroit quels fossés inconnus
Conservent à jamais leurs dépouilles cachées
Ils étaient partis quatre, aucun n'est revenu.

Morts ou blessés

Vous êtes parmi nous de ceux qui sont restés
Et dont le triste sort nous demeure inconnu
Nous avons attaqué par un matin d'été
Et jamais depuis lors vous n'êtes revenus

Nul ne vous vit tomber perdus morts ou blessés
Vous êtes disparus, disparus rien de plus
Le peu que vous étiez sur terre est effacé
Comme au long du chemin nos pas dès qu'il a plu

Vous croyiez comme nous vous vouliez espérer
Quand vous êtes partis la tristesse dans l'âme
Vous avez dit tout bas doucement à vos femmes
Voyons ne pleure pas crois moi je reviendrai...

Garde fidèlement en toi mon souvenir
Et vous êtes partis pour ne plus revenir...

Les mères pleurent

Si je savais au moins où il s'est endormi
Que je puisse y penser
Pour son dernier sommeil est il des bras amis
Qui pieusement l'auront bercé

Mon cœur serait moins lourd, ma douleur moins amère
Et mon front moins pâli
De savoir que des mains douces des mains de mère
L'ont bordé dans son lit

Quand au dernier instant se soulevant blessé
Mon enfant m'appelait d'un cri
Je voudrais que des bras l'aient tendrement pressé
Et qu'en mourant il ait souri

D'autres mères ont eu cette douceur suprême
De pleurer sur leur corps
Mais je veux en pensant à celui là que j'aime
Savoir s'il est vivant ou mort

Hélas je ne sais rien l'heure angoissante passe
Chaque jour qui s'en va un peu d'espoir emporte
Mon cœur est déchiré, mon âme triste et lasse
Quelqu'un frappe mon Dieu va-t-il ouvrir la porte

O mon Dieu donnez moi d'être un instant certaine
Qu'il est mort mon fils adoré
Et qu'il repose en paix dans sa tombe lointaine
Pour que je puisse enfin pleurer.

La pluie
La nuit

Dans le dernier rayon du soleil qui s'éteint
Sur nos fronts anxieux et sur nos cœurs lassés.
Passe un souffle attristé douloureux, incertain.
La nuit tombe sur nous comme un rideau baissé

Les astres veillent

Ô tristesse des soirs de guerre et de carnage
La mort comme un bruit d'aile immense est dans l'air
Et l'on entend pleurer de souffrance et de rage
Tous les vaincus, tous les blessés tous les mourants

Ô tristesse des soirs, le canon tout à l'heure
Moissonnait dans nos rangs comme un faucheur penché
Maintenant que les morts à jamais sont couchés
Tout se tait... et plus rien que cette voix qui pleure

Et plus rien ô tristesse... une chaude nuit d'août
La brise a des parfums l'azur est criblé d'or
Le soir en s'endormant est beau et calme et doux

Et sur les champs coupés tous les astres funèbres
Montant du ciel nocturne et du fond des ténèbres
S'allument tour à tour pour veiller sur les morts

76

Les astres veillent

O tristesse des soirs de Guerre et de Carnage
La mort comme un bruit d'aile immense est dans le vent
Et l'on entend pleurer de souffrance et de rage
Tous les vaincus tous les blessés tous les mourants

O tristesse des soirs, le canon tout à l'heure
Moissonnait dans nos rangs comme un faucheur penché
Maintenant que les morts à jamais sont couchés
Tout se tait … et plus rien que cette voix qui pleure

Et plus rien O tristesse … une chaude nuit d'août
La brise a des parfums l'azur est criblé d'or
Le soir en s'endormant est beau et calme et doux

Et sur les champs coupés tous les astres funèbres
Montant du ciel nocturne et du fond des ténèbres
S'allument tour à tour pour veiller sur les morts

Soirs

Le jour était plus pâle et voici qu'il s'éteint
Les lampes de la nuit s'allument une à une
Et l'on regarde au ciel profond monter la lune
Et tendrement l'on songe à de nouveaux matins

Et c'est la même nuit comme elle était naguère
La nuit qui fait rêver de douce intimité
Cette nuit qui descend depuis l'éternité
Est pourtant aujourd'hui une autre nuit de guerre

C'est l'heure où les soldats vont relever sans bruit
A travers les boyaux boueux étroits et noirs
En colonne par un, chacun se tait et suit
Un bruit de pas dans l'eau et marche sans rien voir

Faites passer qu'on parle bas
Encor des trous et des fossés
Combien encor marcher de pas
Sur le flanc labouré des crêtes
Et d'autres voix au loin répètent
Comme un écho
Les quelques mots
Faites passer

Faites passer l'arme à la main et parlez bas
L'ordre vers le lointain se répète à mi-voix
Et l'on n'entend plus rien que le bruit sourd des pas
Frappant à l'infini les caillebotis des bois

Et l'on ne voit plus rien mais la nuit s'illumine
Au sillon rouge et blanc que laissent les fusées
Et l'éclair disparaît comme une lampe usée
Découvrant un instant la troupe qui chemine

C'est la nuit c'est l'instant où l'on va tour à tour
Guetter de l'ombre aux trous boueux des parapets
Plus rien mais déchirant comme un coup de fouet sourd
Quelque balle sans but vient en troubler la paix

O nuit profonde immense hypocritement tendre
Que de fois le cœur plein de lointains souvenirs
Attendant la relève et lassé de l'attendre
N'ai je pas moi aussi rêvé de l'avenir

Le poingt sur mon fusil et le front sur mon poingt
J'ai souvent espéré et plus souvent douté
Que de fois j'ai pensé à ceux que j'ai quittés
Que sans doute jamais je ne reverrai point

79

Soir calme

La sentinelle est aux redoutes
Et le canon ne tonne guère
Tout est si calme que l'on doute
Que ce soir fût un soir de guerre

Le grand ciel gris s'est apaisé
Et vous caresse et vous enivre
De la tendresse d'un baiser
Et l'on sent le bonheur de vivre

Il n'est pas ce soir de blessés
Les brancards sont restés couverts
Les soldats dorment affaissés

Et les fusées éclairantes
Telles des étoiles errantes
Illuminent la nuit d'hiver.

Sommeils

C'est une chose vague informe
Un soldat vient de se coucher
Et l'on ne voit pas l'uniforme
Sous la terre qui l'a taché

Il s'est blotti au soir d'hiver
Le dos contre le parapet
Il s'endort du sommeil épais
Des gens qui ont longtemps souffert

Pour lui le voile se soulève
Ainsi qu'en un conte oriental ...
... Il rêve du pays natal

Et puis le sergent va passer
Réveiller cet être lassé
Et faire envoler le beau rêve

Rêves

Les rêves nous font oublier
Ce sont les grands consolateurs
Qu'importe s'il faut s'éveiller
Et si le songe était menteur

Nous avons cru c'est suffisant
A ce bonheur des heures brèves
Qu'importe qu'il ne soit qu'un rêve
Pourvu que l'instant fût grisant

On s'amourache de chimères
Quand la réalité vous berne
Le soir couché sur sa giberne

Les rêves ont des ailes d'or
Et les songes des mains de mère
Pour vous bercer quand on s'endort

Les soldats dorment

O les beaux contes, les beaux rêves
Du voyage au pays lointain
Où les heures semblent trop brèves
Dont on s'éveille le matin

Les corps sont restés sur la terre
Comme une loque abandonnée
Et les âmes vers le mystère
Font une étrange randonnée

Et couchés dans la plaine immense
Les soldats se sont endormis
Voici l'oubli qui recommence

Et toutes les lèvres mi-closes
Semblent rêver à quelque chose
Et murmurer des noms amis .

Les soldats dorment

O les beaux contes les beaux rêves
Du voyage au pays lointain
Où les heures semblent trop brèves
Dont on s'éveille le matin

Les corps sont restés sur la terre
Comme une loque abandonnée
Et les âmes vers le mystère
Font une étrange randonnée

Et couchés dans la plaine immense
Les soldats se sont endormis
Voici l'oubli qui recommence

Et toutes les lèvres mi closes
Semblent rêver à quelque chose
Et murmurer des noms amis.

Nouveaux matins

Déjà les morts d'hier sont peut être oubliés
Et l'on entend au loin les noirs canons qui tonnent
Derrière le rideau sombre des peupliers
C'est un nouveau matin de Guerre et c'est l'automne

Il traîne des reflets de vieux soleil mourant
Et dans le jour qui nait et le brouillard qui tombe
Tristes silencieux on voit passer des rangs
Qui marchent pas à pas vers d'autres hécatombes

Ils s'en vont et les morts sont restés là blafards
Le vent la pluie la boue les couvrent sans qu'ils bougent
Les soldats en passant détournent le regard

Hélas ceux qui partaient ne sont pas revenus
Et dans le ciel d'octobre aux destins inconnus
Le nuage est sanglant et le soleil est rouge

Ciel gris

- Belgique-

Le ciel est gris et triste et froid. Il va pleuvoir
Et depuis tant de jours nous regardons là bas
Dans le moindre répit que laisse le combat
Sans y rien voir

Nos âmes sont couleur de l'horizon ; très pâle
Comme est morne la vie hélas que nous menons
Et nous courbons le front lorsque le noir canon
Tonne en rafales

Dans l'ombre des fossés où nous sommes tapis
Que d'heures que de jours avons-nous donc passés
Avec la boue noirâtre et le sang des blessés
Sur nos képis

Nous regardons là-bas au loin sans rien y voir
Peut-être du côté d'où viendrait l'espérance
Mais ce n'est pas notre beau ciel de France
Le ciel est triste et gris et froid il va pleuvoir.

Il pleut

Ce soir la pluie tombe et chantonne
Sur les toiles de nos abris
C'est le dernier jour de l'automne
Le vent est froid et le ciel gris

Chanson des gouttes monotone
Ritournelle en mélancolie
Autour de nous les canons tonnent
Mais par instant on les oublie

L'eau va tomber longtemps, longtemps
Il semble qu'il pleuvra toujours
Quand donc reviendront les beaux jours

Quand donc fleurira le printemps
Mais hélas sur combien de tombes …
… Et dehors c'est la pluie qui tombe

Automne

Le vent est froid il pleut il bruine, je ne sais
S'il faut en accuser l'automne ou le ciel bas
Mais ce soir tristement le regret du passé
Tombe comme les pluies en nos pauvres cœurs las

Il pleut c'était si doux autrefois de l'entendre
Cette pluie clapoter sur nos fenêtres closes
O les paroles qu'on disait frêles et tendres
Et qui semblaient un peu comme l'âme des choses.

C'est maintenant les nuits de garde au parapet
Et les corvées de sacs, de claies de bois parmi
Les trous d'obus pleins d'eau sous le brouillard épais
Et la pluie qui ruisselle et le vent qui gémit

Voici bientôt venir brumeux tristes glacés
Pleins d'obscure douleur de souffrance et d'effroi
Les sombres jours d'hiver douloureux aux blessés
Sous le vent sous la pluie qui tombe sous le froid

Nous avons mis autour de nos fronts des foulards
Et sur nos dos lassés notre peau de mouton
Et nous restons debout tremblants nous écoutons
La fine pluie tomber sur nous comme un brouillard

Relève

La nuit descend sur nous il fait froid on attend...
C'est l'heure de tristesse et c'est l'heure de rêve
Mais cette nuit on croit entendre en écoutant
Monter le pas lointain et doux de la relève

Dans l'ombre épaisse un bruit assourdi, ils arrivent
Ce sont eux, les voici boueux d'avoir marché
Ils montent un par un passent et d'autres suivent
"D'où êtes vous venus d'Ablain ou de Souchez"

N'avez-vous pas été bombardés sur la route
Eux de leur voix plus triste un peu déjà lassés
Nous interrogent en passant et nous écoutent
Dans l'ombre parler bas de tous les jours passés

" Vous ferez attention les Fritz sont méchants
Ils nous en ont encore tué deux à cet endroit
Lorsque vous y prendrez passez en vous penchant
A part cela l'on est heureux comme des rois "

Et l'on s'en va sans bruit sous la pluie sous le vent
Les souffrances d'hier semblent un lointain rêve
Nous avons oublié nos deuils en nous levant
Et nous sommes contents car voici la relève

A ceux qui nous remplacent

Soldats vous qui montez vers nous et qui passez
Vous qui venez ici reprendre votre place
Sous la neige d'hiver la nuit le vent glacé
Nous ne reconnaîtrons ni vos noms ni vos faces

O frères votre front ne s'est pas éclairé
Un mot un régiment et vous voici venus
Où nous avons souffert vous aussi souffrirez
Et nous serons partis sans vous avoir connus

Jours

de

Repos

En descendant au repos

Quand nous passions le long des routes j'ai souvent
Regardé s'agiter vers nous des mains amies
C'était tous ces bonjours emportés par le vent
Comme un dernier adieu que nous faisait la vie

Et lorsque par un soir sur les mêmes chemins
Mais moins nombreux hélas nous sommes revenus
J'ai sangloté tout bas lorsque j'ai reconnu
Le geste qui vers nous tendait encore des mains

Sans même se douter que la moitié manquait
De ceux qui parmi nous hier étaient passés
La foule follement nous jetait des bouquets
Tels qu'autrefois déjà elle en avait lancés

Nous n'étions rien pour elle hélas qu'un régiment
Des étrangers venus et bientôt repartis
Et j'ai pleuré tout bas en passant tellement
Je me suis senti seul, abandonné petit

Aux femmes du village

Pourquoi nous dire ainsi bonjour
Puisque nous ne resterons pas
Nous repartirons pour toujours
Où nous appellent les combats

Nous sommes des soldats errants
Qui s'arrêtent sur votre porte
Leur troupe un matin vous surprend
Bientôt déjà le soir l'emporte

Vous ne nous connaîtrez qu'un jour
Nous sommes hôtes d'un moment
Ne nous dites donc pas bonjour

Nous arrivons pour repartir
Et vous nous feriez trop sentir
Que nous n'avons plus nos mamans

Promenade

Libres joyeux d'être marchant
Comme un troupeau d'enfants lâchés
Nous avons parcouru les champs
Luzernes vertes, blés fauchés

Nous avons longé les forêts
Cueilli des noisettes des mûres
Le vent soufflait dans les guérets
Comme une vague qui murmure

Nous avons marqué nos semelles
Au long des terres dans les prés
Nous avons pris des fruits pourprés

Sur tous les chemins inconnus
Pommes de bois riches prunelles
Et puis nous sommes revenus.

Revue

C'est le matin sous le ciel terne
Et par les champs bordés de bois
Le défilé comme autrefois
Dans les Grand cours de la Caserne

Le brouillard fin la brume blonde
Semblent tristes infiniment
Et l'on croirait en d'autres mondes
Voir défiler des régiments

Et le ciel gris fantomatique
Etroitement borde la lande
Pareil à des terres d'Islande

Sous le soleil problématique
Et dans le jour trop long d'automne
Au loin très loin le canon tonne

Cantonnement

O cette tristesse impalpable
De ces maisons et de ces champs
Nous dormons là dans une étable
Nous avons froid en nous couchant

Mais nous serions mieux couverts
Que nous grelotterions encor
Car ce qui fait trembler nos corps
N'est pas le vent du ciel d'hiver

Nous avons froid d'être étranger
Dans ce coin de terre Française
Et nous restons là sans bouger

Les doigts engourdis le front bas
Et l'on serait pourtant à l'aise
Dans un autre hameau – là bas

Novembre

Jour de Novembre le ciel est bas
C'est déjà presque un temps de neige
Il fait froid tristement l'on bat
La semelle comme au collège

Sur la paille des écuries
On a marqué chacun sa place
Et le front lourd la tête lasse
Les uns chantent, les autres rient

Et la journée si monotone
S'éternise sous le ciel mort
Et lamentable de l'automne

On ne sait plus ce qu'on attend
Et l'on ressent comme un remords
La Nostalgie d'anciens printemps

Aux lettres !

Les caporaux aux lettres ! C'est
Ce cri dans notre après-midi
Comme si de l'espoir passait
Et que le cœur y répondit

O les lettres que l'on attend
Qui ne viendront peut être pas
Et comme alors on est content
Ou bien au contraire très las

Les lettres des amis des mères
Et les lettres des fiancées
Ce sont des bonheurs éphémères

C'est presque rien une chimère
Mais c'est un peu d'amour qui vient
En les lisant on se souvient

Hiver

O que ce jour est lamentable
Il pleut sur les arbres jaunis
J'écris ces vers dans une étable
Et ne les ai jamais finis

Il pleut sur tous les toits penchés
Et l'eau s'égoutte sur la terre
On est des heures à se taire
Et l'on reste le jour couché

L'espoir n'est qu'un rêve insensé
Un des beaux songes inconnus
Le jour rêvé n'est pas venu

Il pleut sur nous du seuil des portes
Comme un remords des jours passés
La tristesse des heures mortes

Auberges

Servantes des cafés filles aux yeux pervers
Dont nous prenions la taille et nous baisions le cou
Margot toi qui servais le corsage entrouvert
Et nous offrait tes seins en te penchant vers nous

O Jeanne tu riais quand tu venais t'asseoir
Près de nous et mettais tes lèvres dans nos quarts
Plus d'un devait manquer à des appels du soir
Pour t'avoir un instant embrassée à l'écart

Et sous vos cheveux blonds et sous vos cheveux teints
Nous regardions vos yeux mais nous pensions à d'autres
Quand vous croyiez à vous nos cœurs tristes lointains
Nous rêvions de baisers qui n'étaient pas les vôtres

Fille tu écoutais sans paraître comprendre
Et tu dus bien souvent te retourner pour voir
Celui qui venait de t'aimer et de te prendre
S'en aller le matin sans te dire au revoir.

Amours

Dites amis ce soir, on chante, on se promène
Et nous irons dîner dans un café lointain
Aimerons nous Margot Jeannette ou Madeleine
Les cheveux bruns ou blonds ou les cheveux châtains

Partons il se fait tard nos battoirs à la main
Et nul ne pense plus à la guerre c'est drôle...
Notre groupe s'en va joyeux sur les chemins
Et chacun rit et chacun chante à tour de rôle

Et nous mangerons mieux ce soir qu'à la gamelle
Eh les copains voyons autant ici qu'ailleurs
J'ai vu par les carreaux la servante plus belle
Nous saurons si le vin n'en semble pas meilleur

La salle est basse et fumeuse qu'importe
Deux litres par ici belle brune ton nom
Toi qui nous a souri en entrouvrant la porte
Margot c'est pour te voir, sais tu que nous venons

Margot

Verse dans notre verre et l'amour et l'oubli
Car nous voulons ce soir aimer et nous griser
Regarde nous Margot de tes yeux si jolis
Qu'on laisserait le vin pour boire tes baisers

Et maintenant qui veut nous chanter sa chanson
Amis jouons qui donc nous donnera des cartes
Rions chantons aimons soyons gais nous passons
Nous sommes les soldats qui viennent et repartent

Et qui sait Margoton allons nous revenir
Margot garde nos noms et notre souvenir
Regarde nous encore des yeux vont se fermer
Dis nous en te penchant lequel veux tu aimer

Adieux

Adieu Margot aux yeux jolis adieu la belle
Tu riais avec nous tu riras avec d'autres
Tu ne seras pour eux méchante ni rebelle
Et de nouveaux baisers remplaceront les nôtres

Tu fus l'amour un peu de cœurs abandonnés
Merci pour tes baisers ton vin et tes caresses
Merci pour le bonheur que tu nous as donné
Tu nous fais souvenir des anciennes maîtresses

Vide ton verre encore buvons à ta santé
Adieu nous remontons ce soir dans les tranchées
Embrasse nous Margot nous allons te quitter
Pourquoi ne dis-tu rien qui t'a effarouchée ?

Gosse ne pleure pas nous reviendrons peut-être
Nous qui venons te dire au revoir en partant
Plus tard sauras tu même alors nous reconnaître
Et tu boiras encore avec nous en chantant

Village

Des mares où se mire un saule rabougris
Des chemins pleins de boue et labourés d'ornières
Et des moulins à vent tristes sous le ciel gris
Et derrière une haie d'épines, la chaumière

C'est là que nous aurons vécu heureux des jours
Dont il ne restera que ces mots sur la page
C'est tout et j'oublierai jusqu'au nom du village
Lorsque nous partirons un soir et pour toujours

Chemins boueux étangs verdis et lourdes portes
Aux clanchettes de bois qu'il nous fallait pousser
Et vous les prés jaunis jonchés de feuilles mortes
Et toi vieux seuil branlant où nous sommes passés

Paysage d'un jour il faut qu'on vous oublie
Et sous le même seuil et le même horizon
D'autres jours vont couler d'autres heures de vie
Qui verront d'autres pas entrer dans la maison

Et nous pauvres soldats qui venant un matin
Nous sommes arrêtés aux portes du hameau
Alors où serons nous quels seront nos destins
Je songe à tout cela et je mets sac au dos

Départ

Voici les jours sont arrivés
Nous redescendons au combat
Ce n'est plus l'heure où le front bas
On peut s'endormir et rêver

Nous allons repartir bientôt
Par un silencieux matin
Nous monterons dans les autos
Pour d'autres jours très incertains

Nous repartons nul ne connaît
Le secret de nos destinées
Et comme au soir d'une journée

On met un signet dans un livre
Je n'ai pas cru aux jours à vivre
Et j'ai refermé le carnet

Sac au dos

Nous sommes une nuit venus
Alors que le hameau dormait
Et déjà quelqu'un nous aimait
Nous repartons vers l'inconnu

Sac au dos fusil à la main
Avec notre musette pleine
Nous nous en allons vers la plaine
Et nous passons sur le chemin

En rangs serrés nous défilons
Le long des masures le long
Des toits qui nous ont recouverts

Et la bise sur nous apporte
Dans le brumeux matin d'hiver
La tristesse des feuilles mortes

Sur la route

des

Tranchées

Sur la route

Les soldats débouclant leurs sacs se sont assis
Sur le bord du chemin Décembre aux heures brèves
Teint l'horizon d'hiver et déjà l'obscurcit
Un clocher se profile au loin. Les soldats rêvent

Et dans l'attristement des ombres et du soir
Un groupe d'officiers se penchent sur leur carte
Longuement en parlant tout bas sous le ciel noir
La troupe disparaît sans bruit les soldats partent

Ils s'en vont lentement dans la nuit déjà faite
Peut-être à la victoire et peut-être aux défaites
Ils s'en vont pas à pas et sans se retourner

Ils s'en vont et bien loin des toits de leurs demeures
Bien loin de leurs pays, berceaux où ils sont nés
Par un soir d'hiver triste et gris les soldats meurent

Hatte

Les soldats en passant auprès de la fontaine
Ont décroché leurs sacs et se sont arrêtés
La canonnade proche et brusquement lointaine
Empli de son fracas le ciel brûlant d'été

Ils ont bu à longs traits et de leurs doigts lassés
Ont essuyé leurs fronts poussiéreux et noircis
Sur le bord du ruisseau les soldats sont baissés
Sur un mur écroulé les soldats sont assis

Puis un coup de sifflet les viendra relever
Ils prendront leurs fusils et passants inconnus
Il s'en retourneront comme ils sont arrivés
Nul ne saura jamais ce qu'ils sont devenus.

Et l'eau continuera de murmures bruissant
Son antique chanson un peu triste et demain
D'autres soldats lassés y boiront en passant
Qui partiront aussi sur le même chemin

109

Inconnu

Quelqu'un nous a crié en passant sur la route
Où vous en allez vous. O soldats qui partez
Et nul n'a répondu nul ne savait sans doute
Pour quel obscur destin nous devons tout quitter

Oui ! Pourquoi partons nous soldats jeunes et forts
Nous sommes la moisson que va coucher à terre
La faux impitoyable et large de la mort
Mais nous n'avons rien dit on nous aurait fait taire

J'ai pensé bien des fois aux mots de l'inconnu
Qui sur la route un soir lentement nous parlait
Et depuis lors plus d'un n'est jamais revenu
Qui n'avait pas compris pourquoi il s'en allait

Le régiment passe

Vous allez dans le bruit de vos pas incessants
Vos lourds souliers ferrés roulant sur le chemin
La musette en sautoir le fusil à la main
Et vous passez. Le régiment ondule en s'avançant

Vous n'êtes qu'une ligne ondoyant au lointain
Puis plus rien qu'un léger flocon bleu qui bientôt
Se dissipe et s'en va reparaît incertain
Et sombre à tout jamais au revers du coteau

La route continue à charroyer des hommes
Comme un fleuve chargé des épaves humaines
Et c'est je ne sais où. La Champagne ou la Somme
Et la route vous prend vous roule et vous emmène

Et comme eux j'ai rêvé et comme eux j'ai souffert
Je me suis senti seul abandonné petit
J'aurais tout préféré plutôt que cet enfer
Mais j'ai bouclé mon sac et je suis reparti

J'ai marché sur la route et les chemins boueux
Et je n'ai point voulu paraître fatigué
Triste chacun de nous s'efforçait d'être gai
Comme eux j'ai semblé rire et j'ai chanté comme eux

Regrets & Souvenirs.

Ne pensons plus

Ne pensons plus à rien il ne faut pas penser
La mort vient assez tôt point n'est besoin d'attendre
Et s'il est encore doux de rêver au passé
Oublions en songeant à des choses si tendres

Que notre cœur sera un peu moins attristé
Et qu'il nous semblera faire une promenade
Loin du bruit des obus et du bruit des grenades
Vers des pays lointains que nous avons quitté

Nous partirons en rêve à d'autres horizons
Et la nuit semblera peut être moins amère
D'avoir revu ne fut qu'en songe notre mère
Et d'être entré là bas sans bruit dans la maison

Dans la maison aux portes closes
Qui s'ouvrent sur des escaliers
Que parfume un buisson de rose
Et qu'ombrage un grand peuplier

Ma maison

C'est une porte ouverte, une fenêtre close
Un loquet qu'on soulève avant d'entrer et c'est
Le palier ébranlé ou petit je passais
Un tas de souvenirs des riens et tant de choses
Que l'on a presque envie de pleurer sans raison
C'est ma maison.

Elle m'attend au bord de la route pareille
A quelque ancien ami qui s'assied en rêvant
L'été sous le soleil et l'hiver sous le vent
Et de la neige au toit ou des raisins aux treilles
Avec l'air tour à tour attristé ou content
Elle m'attend

La porte ouverte on monte un escalier de pierre
C'est là très doucement sans un bruit pas à pas
Je franchirais le seuil tu ne m'attendrais pas
Et tu n'aurais qu'un cri éperdu Mais c'est Pierre

Je n'ai ce bonheur là que le soir en rêvant
Quand je suis endormi sur la paille des granges
Ce sont des rêves fous et très beaux mais étranges
Mère la porte s'ouvre... et ce n'est que le vent.

Mon village

Mon village est ainsi qu'un essaim d'écoliers
Tant les toits sont poussés à tout hasard ; de sorte
Qu'on rencontre des champs au bas d'un escalier
Et que le blé murit sur le seuil de la porte

Et dans le jour brumeux presqu'encore incertain
Au matinal appel du laboureur qui passe
Il entrouvre au travers des rougeurs du matin
Les portes aux chemins sa fenêtre à l'espace

Et vibrant de leurs voix tristes, intimes claires
Et graves égrenant leurs notes les clochers
Sur les arbres mouvants et sur les fronts penchés
Entonnent à nouveau leurs hymnes séculaires

J'ai quitté mon pays comme on referme un livre
Tant il semble parfois que tous les mots soient vains
J'ai senti le dégoût effroyable de vivre
Des jours aussi piteux aujourd'hui que demain

J'ai roulé dans mes doigts quelque mauvais tabac
J'ai versé dans mon verre une infecte mixture
J'ai blasphémé la belle et sinistre nature
Et j'ai ri j'ai pleuré j'ai bu et je suis las

Regrets

N'irons nous plus jamais dans les soirs gris d'hiver
Près du feu qui chantonne et du vent qui soupire
Ouvrir sur nos genoux le volume de vers
Les murmurer tout bas et les entendre lire

N'irons nous plus parmi le parfum lourd des pêches
Et des fruits murs tombés sur l'herbe des enclos
Dans le coin le plus sombre et l'ombre la plus fraîche
Goûter l'heure qui passe et rêver les yeux clos

N'irons nous plus au temps où la campagne est verte
Lorsque le laboureur pensif revient des champs
Respirer chaque soir par la fenêtre ouverte
Le charme de l'air pur et du soleil couchant

N'irons nous plus jamais en un adieu suprême
Sachant bien cette fois que tout serait fini
Serrer entre nos bras les êtres que l'on aime
Et nous emplir les yeux de l'azur infini

Alors calmes et doux attendant l'avenir
Comme si l'on mettait un signet dans un livre
Nous pourrions sans regret presque cesser de vivre
Pour avoir un instant revu nos souvenirs.

Souvenirs

Aujourd'hui le passé remonte au fond de moi
Comme un parfum perdu qu'apporterait la brise
Je me souviens des jours anciens et d'anciens mois
D'heures qui font pleurer et d'heures qui me grisent

Mais depuis chaque instant s'est enfui sans retour
Mes amis sont partis et mes rêves éteints
J'ai vu tous mes parents s'en aller tour à tour
Et sans rien y pouvoir j'ai suivi mon destin

Quel beau rêve infini d'aller par les chemins
Et le long du ruisseau qu'ombragent de vieux saules
De te prendre à mon tour O maman par la main
De te dire mets donc ton bras sur mon épaule

Et de chercher les mots de ceux que j'ai rêvés
Doux et triste parfois pour te parler O Père
Des mots d'amour mais c'est follement qu'on espère
Le rêve s'est éteint avant d'être achevé

Autrefois

Tu me prenais par la main mon Papa
Et le long des sentiers verdoyants de haies vives
Je riais tu riais, nous allions pas à pas
Ah pourquoi fallait il que d'autres heures arrivent

Pourquoi n'avons-nous pas à jamais arrêté
Les heures qui fuyaient sans qu'on s'en aperçu
Jamais je n'ai trouvé tant de charmes aux étés
Mais il était trop tard hélas quand je l'ai su

...Maman va ! laisse moi tes bras sont fatigués
Assieds toi près du feu prends un livre puis lis
Va ! nous aurions souri parfois d'être si gais
Et je t'aurais porté le café dans ton lit

...J'attendais je fus seul sans lettres de ma mère
Et je n'ai pas pleuré tant il est vrai parfois
Que les sanglots profonds et les larmes amères
Sont ceux là que l'on cache et qu'on étouffe en soi

Ce sont de ces douleurs sans cause dont on rit
J'attendais O maman et tu n'as pas écrit

Maman !

Je t'aime dis Maman mais les mots sont trop froids
Car on comprend bien mieux en ne le disant pas
Et ces mots là vois tu – c'est doucement , tout bas
Ce n'est qu'en murmurant O maman qu'on les croit

Je ne te dirai rien les phrases sont trop brèves
Continuons veux tu chacun notre beau rêve
Et de peur de le voir à tout instant finir
Aimons nous au travers de nos vieux souvenirs

Les souvenirs ce sont les signets du passé
On les a mis et puis on continue de vivre
Comme si l'on pouvait un jour recommencer
On écorne la page et l'on ferme le livre

Les heures où j'ai ri, celles où j'ai pleuré
Et tous les souvenirs charmants de ma jeunesse
Personne autre que nous Maman qui les connaisse
Des instants disparus rien qui soit demeuré

Qu'entre nous deux si frêle et prêt à se ternir
Quelque chose d'immensément bon le souvenir

Naïvetés

Maman m'a dit ' tu reviendras„
„Et je pourrai toujours t'aimer„
„Je borderai le soir tes draps„
„J'embrasserai tes yeux fermés„

Maman m'attend et se rassure
Car elle a bien prié pour moi
Elle m'attend depuis des mois
Elle m'écrit que le temps dure

Et chaque soir mère à genoux
Prie "Mon Dieu protégez nous„
„Vous le maître de l'avenir„

Et je voudrais bien revenir
Ne fut ce qu'une heure seulement
Et pouvoir embrasser Maman

Hameau

On se croirait presque chez soi
Que de fois je l'ai dit ce mot
C'est l'impression que je reçois
En m'arrêtant dans un hameau

C'est presque le pays qu'on aime
Les mêmes bois les mêmes champs
Le vent paraît être le même
Et me caresse en me touchant

Mais au fond tout m'est étranger
Je ne connais pas de ces riens
A chaque instant qui font songer

Tous les chemins sont inconnus
Je pars comme je suis venu
Ce village n'est pas le mien

A toi

Je pense à toi, ce soir, O lointaine maîtresse
Ton souvenir, en moi, vient battre comme une aile
Que fais tu à cette heure ? Au fond de ma détresse
Ton amour est le seul qui soit resté fidèle

Tu ouvres dans la nuit largement ta fenêtre
Et c'est sur ton front las le calme du ciel d'août
Et tu ne parles pas et tu songes peut être
Que le soleil couchant se couche aussi sur nous

Que le même soleil dont le rayon doré
Met un ton de blé mur dans tes épais cheveux
Fut le soleil passé de nos premiers aveux
Et tu t'es sentie seule et t'es mise à pleurer

Amis perdus

Nous avons combattu côte à côte et souffert
Aux longs jours de douleur où je vous ai connus
Moi je vous ai quittés par un matin d'hiver
Vous mes anciens amis qu'êtes vous devenus

Vos noms je les ai tous en moi-même gravés
Aucun des souvenirs ne s'est même endormi
Nous avons si longtemps tous ensemble rêvé
Qu'en refermant les yeux je vous vois mes amis

Si vous vivez encore sous quelque ciel lointain
Si le même soleil d'été brille sur nous
Amis remercions ensemble le destin
Amis des jours passés dites Souvenez vous

Mais hélas si depuis que je vous ai quittés
Toujours insouciants en face du danger
Si vous êtes tombés après avoir lutté
Puisse le sol de France être sur vous léger

Amitié

Combien de fois j'ai songé
A la douceur de l'amitié
Des joies des peines des dangers
Chacun emportait sa moitié

C'était pour nous comme des frères
Tant nos larmes étaient communes
Et comme un lien qui se resserre
Nos deux âmes n'en faisaient qu'une

Lorsque nous partions au combat
Nous leur disions avec tendresse
Si je restais écris là bas
Je vais te donner mon adresse

Et lui répondait doucement
Promets moi si je suis blessé
Que tu diras à ma Maman
C'est à vous qu'il aura pensé

Et puis tous deux sur le chemin
Nous nous arrêtions un instant
Pour nous serrer gaiement la main
Et puis nous repartions contents

O les amis des jours anciens
Vous que je n'ai pas retrouvés
Vous avec qui j'avais rêvé
Je suis triste je me souviens

La der des der : Mémoires de Pierre Ménétrier (1954)

Enfance

Les soldats ! Les soldats ! Tout le monde a couru. Papa me portait et du sommet de ses robustes épaules les deux mains sur sa tête blanche et chauve j'ai tout vu. Ils passaient là... sur leurs chevaux, cuirassés, droits, dans leurs armures, casqués d'or, panachés de rouge magnifiques le sabre nu. Que c'était beau ! Nous étions, juste en ce meilleur endroit, d'où l'on domine les deux côtés. Ceux qui montaient, devenaient devant nous formidables, nous effleuraient presque du poitrail de leurs montures puis ils passaient et s'en allant s'amenuisaient pour disparaître. Je sens encore le goût de la poussière, l'odeur des chevaux et celle des hommes. C'est la première fois que j'ai vu des soldats. Pas la dernière hélas...

Bon pour le service

1913. Encore quelques mois et je m'en vais soldat. Je n'en suis pas plus fier pour autant n'ayant jamais aimé ni la caserne ni les gallons je ne me sens pas d'étoffe à faire un bon soldat. Je suis d'ailleurs résolument pacifiste et de ce fait antimilitariste. S'il n'y avait pas d'Armée il n'y aurait pas de guerre. Mais alors pourquoi parle-t-on de nous faire « faire 3 ans ». C'est mauvais signe. Le proverbe latin « Si vis pacem para bellum » n'est vrai que pour ceux qui possèdent le monde – si tu veux la paix prépare la paix, plus d'armée permanente, une milice nationale comme le prêche notre Ami Jaurès. Voici un Homme, puisqu'idiots et génies portent le même nom, voici un Homme que j'admire et que j'aime. J'aimerais le connaître. Mais il est peu probable qu'il vienne jamais à Bar[3] et je ne l'ai pas rencontré sur ma route. Peut-être après mon service aurai-je cette joie. Mais trois ans c'est long. J'ai pratiquement fait vœu de célibat. C'est heureux, car une charmante jeune fille bien sage, j'allais dire trop à mon gré, vient chaque soir gentiment me chercher à la gare. Je sais que les parents seraient très favorables à notre union, mais je ne puis me marier pour faire plaisir aux gens. La morale sans obligation ni sanction[4] qui est mon livre de chevet, tout en vantant le plaisir que l'on a de dépenser ce surplus de force en faisant le bien autour de soi ne peut pas m'inciter non plus à me sacrifier sans raison. Papa me conseille. « Tu devrais le lui dire ». Mais elle non plus ne m'a jamais rien dit. Tous les soirs nous revenons en parlant Poésie. Chère petite Gabrielle tu seras une brave épouse. Mais celle que je choisirai n'est sans doute pas encore née.

Bon pour le service.

Une arrivée de bétail à l'abattoir. On palpe, on juge, on estime idiotement d'un air connaisseur, aucun examen sérieux. J'avais enlevé mes lunettes. Le major galonné ne s'est même pas aperçu que je ne voyais pas plus loin que le bout de mon nez. Je me serais bien gardé de le lui dire. Je déteste l'armée mais je ne voudrais pas laisser tomber les copains. Je refuse ou je fais ! Je n'ai donc rien dit de ma myopie un mot suffisait pour me classer dans l'auxiliaire. Bon ! Sans la décoration de clinquant et les rubans tricolores sans les grandes beuveries du soir et les tournées aux «bocards». Rien qu'un canon de rouge avec Balland, Dadar, Rozard et Véchin chez … Ah zut le bistrot du bas. Et au retour chez Mme Deloisy avec Maurice Vareith, Maurice Girod, Georges Benoni. La belle Mme Deloisy n'a pas changé toujours son même parfum. Elle est un peu plus

[3]Bar-sur-Aube

[4] Esquisse d'une morale sans obligation ni sanction de Jean-Marie Guyau

mûre... J'avais sûrement bu un petit coup. Elle aussi aurait pu me déniaiser. – Alors tu pars Pierre tu vas être soldat, sûrement officier, couplet patriotique, effusions sentimentales... Mais je préfère aller dormir. – Alors ? dit mon père qui m'attendait sous la lampe – Je suis bon – et ta vue – je n'ai rien dit – tu fais comme tu veux – J'aurais pu rester près de lui ! J'aimais mon père. Mais j'ai voulu faire comme les autres. Au fond je suis fier et pas mal égoïste ! Peut-être simplement jeune.L'avenir se chargera bien de m'apprendre à vivre.

J'attends le départ pour la caserne Thiry 26e d'Infanterie Nancy. Impatient de partir pour ne pas prolonger la souffrance inutile, car j'aimais papa... Ballant est versé au même régiment nous serons deux copains pour supporter la servitude. A Bas l'armée à Bas la Guerre. Derrière moi pêle-mêle tous mes souvenirs, tant d'heures aimées de joies de désirs réfrénés d'amour et parfois de tristesses. Je laisse ici mon père ma mère mes champs et leur gouverne pour vivre avec les hommes méchants de la caserne. Une poésie dans l'un de mes « Entre nous »[5]. Je laisse Bar-sur-Aube, la Famille, les Amis... Marcelle[6] je t'écrirai. Je laisse la première partie de ma vie, la moitié peut être. – 20 ans. 40 c'est déjà vieux. Je gonfle le torse. J'ai besoin de soulever quelque chose. Une gueuse de fer peut-être 150 kilos, je l'empoigne par les angles, je la soulève, je me retourne et je la repose au beau milieu de la cuisine. Mon père est effaré – Eh bien ! Et les chaises entre le pouce et le doigt replié à bras tendu et les brochettes pliées et aplaties. – Mais qu'est-ce que tu as Pierre tu deviens fou ?– Oh non Papa J'ai vingt ans... et pas mal de regrets que je n'avouerais pas... De n'avoir pas bien su tout te dire.

---

[5]Un bulletin qu'il diffusait au collège

[6] Sa cousine

Caserne ! Civelot on peut avoir l'air godiche. Mais troufion ! Comme on semble gourde – pantalons rouge, capote avec martingale au dos en large boucle et le képi. C'est nous à l'instant où nous traversons la cour, vers les douches de la visite médicale, tout aussi médicale que celle du conseil de révision. Il y aurait de quoi rire... mais quand on pense qu'ils vont nous voler trois ans. Pourvu que nos crétins gouvernementaux n'aient pas l'idée d'une bonne guerre.

Voilà ! T'es beau, Ballant – et toi Pierre – crois-tu ! Pas trop mal. La barbe donne l'air martial. Tu ferais bien un bon sapeur... Le paquetage à faire là-haut dans la chambre blanchie à la chaux. Tiens ! Comme à Troyes, ça aura au moins servi à me donner un avant dégoût de la caserne. Et la boîte et le petit cadenas... Un ancien est venu me montrer à bien plier mon paquetage à faire mon lit carré. Il est de la «classe 11» un vieux. Un petit tour à la cantine, pas de refus... et l'on remonte. Beaucoup de bruit là-dedans, les polochons sur le crâne des bleus. Ah ça c'est agréable et allons y un large vide autour de moi. Mais il parait qu'aux yeux des caïds se défendre est un crime... Du fond de la chambre s'avance un gros lourdaud la tête entre les épaules un vrai gorille. Attention me dit l'ancien, celui-là il broie tout. Le voici contre moi. « Tu sais la bleusaille faudra pas la ramener avec ton air de fils à papa. Moi je suis des Forges et je te casserais bien la gueule ». – fils à papa, une insulte pareille !– A ta disposition. Je l'ai pris par les deux épaules. Je ne connais ni la lutte ni le catch ni le jiu-jitsu mais quand je suis en colère c'est moi que je ne connais plus. On aurait dit un roc, mais le roc arraché de terre a été rouler entre deux lits sur son derrière... J'ai été lui tendre la main pour l'aider à se ramasser. Il était plutôt vexé. Mais personne n'a ri. Comment t'appelles-tu mon gars ? lui ai-je demandé. –Gautron.– Et toi ?– Ménétrier. Il était trop tard pour boire le verre de l'amitié, mais demain ! Et nous fûmes amis. J'aime bien ces gars-là, mais fils à papa c'est trop indigeste...

Réveil en fanfare tenue d'exercice, à 10h présentation du régiment au colonel. Garde à vous! Présentez armes ! Impeccable, tous les fusils à la même fraction de seconde, toutes les mains claquant sur les crosses: un genre de sport... comme un autre. Ça ne me déplaira pas. Pour défiler, arme sur l'épaule droite... La fanfare, des torrents d'harmonie, toutes ces têtes tournées vers le drapeau en arrivant à sa hauteur, ces gestes d'automates. Le colonel sur son cheval le sabre droit ça me rappelle les manœuvres de Jaucourt, et pourtant un frisson me parcourt, glace mes tempes, crispe mes joues et me durcit le menton. C'est beau et que c'est bête de trouver cela beau.

La semaine suivante on a fait la répartition des spécialités. Ballant qui n'avait jamais tenu d'aiguille de sa vie a été promu tailleur, un vrai filon, une bonne planque. Et moi ! Ça a été plus long... on m'a convoqué au bureau de l'adjudant. « – Garde à vous...
– Soldat Ménétrier matricule 1416,gueulai-je d'une voix énergique en claquant des talons. Je n'ai pas l'air d'attraper les mouches en saluant...
–Soldat Ménétrier c'est très bien, vous êtes bachelier.
– Oui mon adjudant.
–Très bien
 Peut-être est ce ma voix martiale qui me met dans ses bonnes grâces...
–Repos ! Nous vous inscrirons officier au peloton élèves officiers, cela vous fait plaisir?
– Non, mon adjudant.
– Comment !
– Ma religion me l'interdit. Je décline tous les honneurs, je dois 3 ans rester soldat de 2e classe.

Il s'est levé, l'adjudant «La Crête», suffoqué n'en croyant pas ses oreilles.

— Mais vous semblez devoir être un bon soldat

— Je serai un bon soldat ne m'en demandez pas plus.

— Mais c'est un cas de Conseil de Guerre. Votre réponse peut être considérée comme un refus d'obéissance... Rompez... » Je ne suis jamais passé au Conseil, je n'ai jamais non plus dépassé le grade de 2ᵉ classe et j'ai toujours été « bon soldat. » Une seule chose me déplaisait l'astiquage. Jugulaire visière ceinture cartouchière souliers boutons avec la patience et le reste à la cire. Ah j'aime mieux payer une chopine à un copain gourmand.

Maintenant nous avons le droit de sortir... toute une histoire. Un copain pour bien faire la boucle de la martingale vous met le genou dans le dos. « — Ça y est ! Tu crois. Mais le sergent de garde n'est pas de cet avis. — Demitour, mon gaillard. — Alors, j'aime mieux ne pas sortir aujourd'hui !— Tu viens boire un verre, allons à la cantine. » Ma mère est venue me retrouver à Nancy. Décidément elle ne se plaît guère à Jaucourt. Et mon père est bien seul làbas. Enfin j'aurai une raison de sortir voir maman. C'est même ainsi que j'ai risqué une fois encore le conseil de guerre... Motif, avoir rencontré le soldat Ménétrier, rue Jeanne d'Arc, en tenue réglementaire, mais... portant ostensiblement un parapluie roulé sous le bras. C'était le général sur son destrier stupéfait exorbité qui venait de m'apercevoir. Il pleuvait, je portais l'engin à ma mère, bien sûr sans l'ouvrir. « Votre numéro matricule. Vous aurez de mes nouvelles ». Il serra si fort la bride que le cheval fit un écart en arrière et n'ayant sans doute jamais vu de soldat avec un pépin, un brusque demi-tour... et moi je ne demandai pas mon reste.

Je ne me trouvais pas trop mal à la caserne. Mais me voici à l'infirmerie. La rougeole. Rien de grave. Pour passer le temps j'apprends l'espagnol. Au bout de 8 jours je dis à André mon voisin de lit : « Ouvre le livre, dis-moi le premier mot de n'importe quelle page je te récite le reste ». Je passais pour un nouvel Inaudi. Cela m'amusait de jongler ainsi avec ma mémoire. La rougeole ne passe pas vite, les infirmiers sont gentils, on est plutôt gâté. Mais je ne suis pas en forme, je vomis... Je l'ai dit au major « Ce n'est rien. Ce soir enveloppements froids. » Pour passer la rougeole !! L'infirmier lui-même en est stupéfait. C'est nouveau ! On m'enveloppe dans un drap mouillé. Je n'ai pas dormi, je suffoquais, sans pouvoir respirer, plus rien qu'un souffle une douleur au côté droit, vers minuit les deux poumons étaient bloqués et ce poids qui m'oppressait de plus en plus. « Tu ne dors donc pas, m'a dit André. – Non j'ai une congestion pulmonaire double. – Tu rigoles. » A l'aube l'infirmier m'a découvert, plus une tache de rougeole. Le major arrive « Où donc est ce phénomène qui prétend avoir une congestion double » ? Il m'ausculte. « Mais fichtre il a raison, on va tâcher de le tirer de là, mais ça va être dur. » Hôpital. J'ai quitté André, puis je ne rappelle plus. J'ai dû être bien malade... plus rien un grand trou... et je suis parti en convalescence. J'ai retrouvé mon univers, tel que je l'avais laissé, les uns plus grands, les autres hélas plus vieux. Mon père se voûte, il ne se tient plus comme autrefois presque en arrière, mais il reste solide. Henry[7] s'est marié avec Berthe. Beaucoup d'amis sont soldats comme moi. Marcelle habite maintenant Vitry le François... De menus faits sans importance, je voudrais acheter une motocyclette. Mon père ne sait que faire pour moi... « – Combien ça coûte... – J'ai vu une Hirondelle à rupteur d'occasion neuve, 600 francs. – Voilà 600 F »... Je suis reparti à Nancy. J'en ai acheté une bien plus vieille pour 300 F et j'ai donné le reste à maman qui aime mieux rester près de moi.

---

[7] Un cousin

Voici les manœuvres au camp de Mailly. Je charge comme un zouave. Les marches d'épreuves ne me font pas peur, je redeviens intrépide. Je suis guéri ! Je garde en moi le souvenir lointain comme effacé, d'une chevelure blonde de lèvres molles et d'une chair consentante. Qui étais-tu donc en cette chambre de meublé, la tienne où tu m'avais si facilement dit oui. Comme tu sentais bon le blé mûr. Je ne t'ai jamais revue. C'était en juillet 14.

Début de la guerre

28 juillet. Dans la nuit le clairon sonne l'alerte, tout le monde en bas, tenue N° 1 réserve de guerre. On dégringole les escaliers de Thiry en un temps record. Manœuvres de nuit ? Mais non ! Mobilisation générale. « La mobilisation n'est pas la guerre ». – Formez les faisceaux (lugubre cliquetis d'armes en cette obscurité), distribuez les cartouches. Comme ils sont lourds ces paquets de mort. C'est avec cela qu'on va tuer des hommes. Espérons encore. L'aube se lève, la cour s'éclaire. Le régiment est là, prêt à partir. Les ordonnances maintiennent les chevaux qui s'impatientent. Et nous aussi ! Tout plutôt que cette horrible attente. Allons-nous entendre une fois de plus le joyeux rompez les rangs des autres jours… Le soleil monte, les grilles murissent de grappes humaines. Vive le 26ème ! Vive la division de fer ! Un coup de sifflet. « Garde à vous ! Rompez les faisceaux. Arme sur l'épaule droite » La foule même s'est tue. Les portes s'ouvrent…

Et nous partons… Ainsi qu'à la parade et sans tourner la tête. Maman est peut-être dans la foule… Mais moi, l'antimilitariste, je me sens pris à la gorge, quelque chose en moi se raidit, qui me galvanise, un frisson monte à mes joues crispées. Je n'ai pas peur. Un sombre enthousiasme m'envahit tout entier avec peut-être quelque envie de pleurer.

A bas la guerre. Mais puisqu'ils la veulent eux « les Boches ». Ils vont savoir ce que vaut un français. A Berlin ! Nancy déborde dans ses rues, la place Stanislas roule un flot de corps, de cris, de chants qui s'ouvre devant nous...

Momeny, Grand Couronne. Poste de combat, la guerre n'est pas encore déclarée, mais dans la nuit tombée des coups de feu tout proches, d'autres plus lointains leur répondent. Ils sont là. Tout près. Une rivière et un bois nous séparent. Heures sans fin. Ces tours de garde devant l'ombre ouverte comme un piège. Le moindre bruit... faut-il tirer ? Tuer un homme. Mais si c'est lui qui nous tue...

Ah que maudite soit la guerre. Un refrain de chanson. Balland, Dadard, Véchin. Un café de Bayel. C'est loin... Un bruit de pas. Il ne faut pas rêver... On marche vers moi... J'en suis sûr « – Halte là ou je fais feu. – Cambronne », c'est le mot de passe et la relève.

... Ce jour du 1er août une atroce nouvelle je n'y crois pas tant c'est monstrueux. Ce n'est pas possible. Jaurès assassiné. Jaurès le grand tribun, l'apôtre de la fraternité humaine le grand chef des socialistes, le mien ! Ah les salauds ! Je leur en veux plus qu'aux autres d'en face. Assassiner un tel homme ! La main qui tue n'est pas seule coupable, mais eux,les lâches qui l'ont armée... Je pense qu'avec nos fusils et nos grenades nous pourrions une bonne fois tous les mater, ces revanchards ! ... Je me dresse dix autres me suivent, puis cent et puis mille... Debout les damnés de la terre... Révolution ! Aurais-je donc crié très fort ces mots, pour qu'au rassemblement de 4 heures en rase campagne, j'entende... « Soldat Ménétrier quinze pas devant le front des troupes. Garde à vous ! » Le capitaine Aubry, le mien s'approche je le salue militairement « Ménétrier – un silence – Refusez-vous de marcher si la guerre est déclarée. – Mon capitaine quoiqu'il arrive je resterai pacifiste ». Alors,tout bas, moi seul pouvais

136

l'entendre, il m'a répondu « Moi aussi ». Deux jours plus tard il est mort à la tête de notre compagnie, sabre au clair et revolver en main.

La guerre est déclarée. On nous a rassemblés devant le grand portail de la ferme. C'est fait. C'est un devoir de tuer maintenant. Mais qui l'a déclarée ? Je veux savoir. Attaquons-nous, sommes-nous attaqués ? et j'ai crié ces mots. Nul ne m'a répondu. Je n'ai rien su et 40 ans plus tard je ne sais toujours rien.

....

On nous berce, on nous gruge on nous endort avec des mots, on nous soulève les uns contre les autres, et pour qui donc? Vous le savez trop bien…

Campagnes

En tirailleurs ! objectif la crête. Voyez-vous au sommet une ligne qui semble immobile, c'est l'ennemi – je n'ai rien vu – cela ressemble diablement à nos manœuvres. – – Couchez-vous – les officiers sont à dix pas devant nous un genou en terre. Quel est l'idiot d'entre eux qui hurle « Vous avez à choisir entre l'héroïsme et la lâcheté, entre les balles allemandes si vous avancez et les miennes, le premier qui recule je lui brûle la cervelle ». Il a l'air de croire que nous avons peur. Idiot. Alors on y va. Baïonnette au canon, le clairon sonne la charge et toute la côte où finissaient de murir les blés se couvre d'une ligne frénétique; (ce doit être quand même terrible d'embrocher quelqu'un avec cette fourchette aigüe) le clairon sonne toujours; le sommet n'est pas encore atteint, mais nous savons d'avance que nous avons gagné. Section halte ! Notre cœur bat d'essoufflement la crête est conquise – il n'y avait personne heureusement je crois; car après cette course chevaleresque dans les épis, si les boches nous avaient simplement attendus bien tranquilles, le 26ème d'infanterie n'existait déjà plus.

Ah ce mensonge, ce bluff du panache et des drapeaux et des clairons, comme il sait bien entraîner les hommes à leur mort.

Ce fut Morhange 2 ou 3 jours plus tard. Ne me demande pas Petit Pierre, ce que j'ai vu de la bataille, il semble toujours que l'on regarde par le gros bout de la lorgnette quand on vit ; tout est petit, tout se résume et s'amenuise. Morhange pour moi, c'est notre défilé victorieux sans combat dans les villages de la Lorraine reconquise. Tu pourras le lire dans cet album rouge où j'ai recopié mes vers. Morhange. Un bois à droite de la route, la forêt de Wysse, mais son nom même je ne l'ai su que plus tard, un beau couvert d'arbres feuillus où l'on aimerait aller aux champignons. Baïonnette au canon à dix pas les uns des autres... et nous sommes entrés – la fusillade a commencé moins fort qu'au stand de tir, rien d'autre que des coups de fusils face à nous et le crépitement assourdi des mitrailleuses, rien qu'un vrombissement de frelons autour de nos oreilles et des feuilles qui tombent fauchées par les balles. On se voyait peut être dans la pénombre cinq ou six – pas plus, et l'on courait droit devant soi, baïonnette pointée, quand nous étions au bord de l'invisible d'où crachait la mitraille. Une ligne de terre fraîchement remuée sans que personne n'eut rien dit nous revenons en arrière. « Alors on y retourne » C'était d'accord. Derrière nous ignorant notre présence d'autres français nous tiraient dans le dos et c'était là le plus terrible, aussi pour ne pas en faire autant j'ai déchargé mon Lebel... nous avons chargé 7 fois, jusqu'à la nuit, toujours les six. Je n'ai pas vu un allemand, ils étaient dans leurs tranchées, ces tas de terre, à côté de nous rien, derrière nous personne. Alors nous sommes sortis du bois et nous avons trouvé un adjudant inconnu qui nous a dit: « placez-vous derrière cette barrière de planches, tirez, tirez, surtout ne bougez pas ». Il est parti et nous sommes restés seuls, nous avons tiré pendant des heures dans le vide. Le bois même ne répondit plus. Que faire – « et la soupe »… avions-nous accompli notre devoir ? Je le crois mais c'est tellement absurde une grande bataille vue sur un front de quelques mètres et maintenant dans l'obscurité de minuit une seule chose nous invitait, la route un peu plus claire où tous les six, l'arme à la bretelle, nous sommes repartis. Combien de kilomètres de Morhange à St Nicolas du Port, des villages peut-être à traverser, mais des villages morts et des fenêtres closes. Nous frappions aux portes, nul n'a répondu. Où donc allions nous ? J'ai dit St Nicolas mais nous n'en savions rien, c'est là que nous sommes arrivés. Aux premières sentinelles, bien sûr : «Halte-là ou je fais feu» – France 26^{ème}infanterie 12ème Cie, c'est tout. – Allez là-bas dans cette grange où vous trouverez ce qu'il en reste » et c'était vrai, tous nos officiers étaient morts plus rien qu'un adjudant, le père « la Crête » comme on l'appelait. Alors sans même manger nous nous sommes allongés sur la paille et nous avons dormi…Nous avions tous les six traversé les lignes allemandes qui poursuivaient le 20ème corps en retraite, le 21ème du midi avait paraît-il flanché et nous seuls sur la route que les boches croyaient occupée nous étions revenus comme de braves types attardés par un soir de chasse. Après l'appel du matin qui sonne encore si tristement dans ma mémoire : Capitaine Aubry, mort pour la France, mort pour la France farouche litanie où nous n'étions plus guère à répondre « présent » – Ensuite parfois je ne sais plus, les jours se ressemblent et les noms s'oublient. On a dû le lendemain reformer le régiment décimé.

Ce fut la course à la mer, l'effrayante lutte de vitesse que nous troupes d'élite, nous devions à tout prix gagner en débarquant du train, des camions pêle-mêle, dans quel pays au fait l'ai-je jamais su. On traversait un village anonyme et l'on chargeait à la baïonnette, pourquoi je n'en sais rien. Les obus miaulaient et crachaient leurs éclats autour de nous. Un voisin n'était plus là, peut-être planqué dans un fossé, peut-être mort, on ne se retournait pas, la place vide était comblée et par là-dessus, par-delà cette vague de képis rouges et de capotes bleues où chaque être n'est plus rien, l'éclat de cuivre de nos clairons « la monteras tu la côte, la monteras tu la côte »[8] et le fait est qu'il y avait toujours une côte à gravir au pas de charge et là sans perdre une seconde nous décrochions qui la pelle-bêche et qui le pic de ceinturon et nous creusions nos trous individuels la terre en parapets vers l'inconnu d'où crachaient les 77. Nos 75 à nous arrivaient vite et leur tir rapide et forcené réconfortait les cœurs. Parfois un coup trop court nous arrosait de terre dans un miaulement d'acier mais ça c'était les nôtres. Des beaux salauds de si mal pointer. Toute la nuit nous creusions et le lendemain matin une ligne baroque zigzaguait plus creuse ou plus plate suivant le courage de chacun. Les « faignants » n'en foutaient pas la rame, on les engueulait bien, mais quoi faire d'autre que de creuser à la place de ceux qui ont un poil dans la main.

Florimont, Vitremont, Udivillers, Fonquelles, Frascate, Becourt, Becordel, la Boisselle, Arras, Capy, Carency, je mélange tout cela entre un quart de rouge, une boîte de singe et du pain moisi, tout cela donne à la bouche un goût de terre et de sang.

L'adjudant «la Crête» était toujours là. Un jour que nous étions en seconde ligne il me fit appeler. « Ménétrier dit-il, vous êtes bachelier. – Oui mon adjudant. – Alors vous ferez un très bon brancardier. » Je n'ai jamais su le

---

[8]Chanson de l'époque

rapport. Mais brancardier ou autre que m'importe, les copains de l'escouade première il n'en restait plus. Je fus brancardier. Le poste de secours : la première maison démolie près des lignes, nous vivions tout le jour dans la cave et le soir nous partions entre les lignes parfois, à découvert toujours, ramasser les blessés. Ah pauvre chose – se pencher sur les morts atrocement mutilés pour voir s'il ne leur restait pas souffle de vie. Entendre les cris, les râles et les prières et les supplications. – emmenez-moi. Moi. O maman ! C'était cela, tout au long des heures noires sillonnées d'éclairs, déchirées d'éclat et peuplées de hurlements, on calait le blessé dans le brancard et courbant le dos à deux et portant bas on essayait de rejoindre ce qui fut aux beaux temps une route, jusqu'aux maisons des hommes, les obus tombaient, on se couchait à terre – toujours trop tard – le blessé lui tout à l'heure sanglotant, bien souvent se taisait et quand nous arrivions – il était mort – toute la nuit ainsi – combien de fois suivant. D'aucuns semblaient y prendre plaisir – ils avaient eux, toujours l'air d'avoir bu – le bidon plein et la bourse large. Comment. J'ai compris un jour, en les voyant penchés sur les morts dont ils fouillaient soigneusement les poches. Salopards. La première fois deux gifles ont claqué sur la figure du caporal brancardier, nous nous sommes battus à 100 mètres des boches et puis quoi – détrousseur de cadavres. Eux au moins risquaient aussi leur peau. Quant aux pantouflards, aux embusqués qu'ils ne viennent pas nous donner de leçons.

Quand après une attaque nous sortions de jour c'était peut-être plus dangereux, mais moins lugubre et le major Viry emmenait toute la colonne, il sifflotait un air et d'une badine légère sabrait les feuilles au bord du sentier – tant qu'il en est resté des feuilles et des sentiers. Une nuit nous dormions dans une ferme quand j'entendis des voix gutturales.– Kamarad. C'était les boches.Par où, comment

141

je ne sais j'ai réveillé les quatre copains et nous avons filé par derrière pour rejoindre le poste de secours de jour, nous sommes revenus très prudemment je l'avoue puisque sans armes.Les allemands n'étaient plus là mais dans la cour déserte gisait mort un soldat venu se planquer dans le foin, qu'il était léger dans mes bras le pauvre gosse. J'ai pris sa plaque et ses papiers, son nom, je l'ai oublié, il était de Bar-sur-Aube, nous l'avons enterré dans un trou d'obus. Ah que maudite soit la guerre, chanson lancinante. Ah les copains, le bistrot, les rêves humanitaires. Qu'ai-je donc à pleurer, je ne le connaissais pas.

Enfin nous allons au repos. Quel bonheur pouvoir enfin dormir manger et boire, ne plus écouter ces cris, ne plus voir dans la nuit ces fusées bleues vertes rouge ou blanches, redevenir un instant des hommes en uniforme. Mais des hommes.

Et c'était faux pourtant, en fait de repos ce fut la Belgique – débarquement à Poperinghe – poste de secours Boezinghe – et nous brancardiers régimentaires, Langemarel, Pilken, le canal d'Ypres. C'est là qu'au lieu de dormir comme les autres, bien souvent j'écrivais sur un vieux carnet taché de boue et de sang. Tu les liras peut-être Petit Pierre. Ils sont un peu de moi. A cette époque le major Viry qui m'avait vu écrire me demandait de les lui lire. Les officiers l'apprirent et le général en chef, peut-être Foch, me demanda de venir à l'état-major pour en donner lecture. J'ai refusé. Monsieur le major je vous les confie, lisez-les leur vous-même. Etais-je bête, intransigeant, sectaire. Cette offre là c'était pour moi la « bonne planque ». Mais je n'ai pas voulu. Je ne sais même pas pourquoi.

Le secteur est plus calme et nous retrouvons quelques civils apeurés dans l'auberge « Het Gastof » où nous avons établi notre poste de secours.Plus de vitres aux fenêtres plus de tuiles aux toits, mais les murs intérieurs sont restés debout, le même œil peint sur la cloison nous regarde « God ziet u hier vloekt men niet » Dieu vous regarde ici on ne blasphème pas. Ah Dieu qui regarde voit bien autre chose, il entend plus que les blasphèmes des hommes. Quand donc finira la boucherie. Quelques rescapées viennent parfois près de nous – elles essayent de nous apprendre le flamand, et le premier mot qui vient aux lèvres – ik lief u – je vous aime – Ich liebe Dich I love you. Je le répète en toutes les langues. Elles rient – et nous rions aussi. C'est tout, le désir est mort je ne sais quelle mixture ils doivent mélanger au café. On parle de bromure. Toujours est-il que nous ne sommes plus des hommes.

Maladie

Ce soir je me sens las, le front lourd le cœur vide, je voudrais écrire et les mots fuient, je voudrais penser et ne puis fixer mon esprit sur rien, j'ai froid j'ai chaud je tremble, tu vas être malade disent les copains. On verra bien en attendant je me couche sur ma botte de paille. J'ai la vieille couverture usée jusque sous le menton. Mais je ne puis dormir. C'est vrai que c'est l'hiver.Le vent souffle sous les portes arrachées, le vent ou les obus, le ciel s'allume puis s'éteint. Est-ce un cauchemar – j'étais seul et voici que je sens autour de moi les présences aimées. Mon père, ma mère, Annette et Marcelle. Mais quand je veux me retourner pour mieux les voir, ils sont disparus plus rien que – les murs lépreux qu'éclairent les fusées – j'ai la fièvre – et je sombre dans un néant peuplé de fantômes.

Le lendemain le major Viry vint me voir. Je ne pouvais plus me lever. « Allons Ménétrier ce n'est rien ! Courbatures fébriles. Je vous envoie pour quelques jours à l'infirmerie divisionnaire d'Elverdinghe vous reposer. Promettez moi d'écrire là-bas aussi quelques vers et de me les envoyer. Voyez-vous cela que nous n'ayons plus notre poète.Vous partirez au convoi de 10h et à bientôt. » Les copains m'ont dit au revoir à grand renfort de cris, veinard sacré veinard eh va donc embusqué, tâche de rester le plus longtemps possible.Je ne les ai depuis plus jamais revus. J'ai l'impression d'avoir voyagé dans l'obscurité, des limbes où surnageaient des formes indistinctes, des êtres incomplets, les bruits même prenaient d'étranges résonnances. Puis ce fut comme un profond silence blanc qui sentait l'éther et peut-être aussi un parfum de fleurs une odeur de femme des mains douces glissaient autour de moi. Je flottais lentement je crois bien dans l'espace et mes mains froissaient dans leurs doigts quelque chose d'un peu rêche qui ne pouvait être un nuage.

Ai-je ainsi nagé longtemps entre le ciel et la terre, entre la vie et la mort rien de tout cela n'avait plus de valeur pour moi. Je ne connaissais plus qu'une chose une fraîcheur qui passait sur mon front et parfois semblait le caresser. – Combien de jours ? J'ai rêvé de photos – je développe un grand cliché, les ombres sortent, les creux sont noirs – Où donc ai-je pris ce portrait. On dirait celui de Papa. Papa – sa grande barbe blanche et son front dégarni il est vêtu de blanc. Quel drôle de rêve il est si loin d'ici Papa, d'ici, mais où suis-je donc. « Pierre tu ne me reconnais donc pas ? – Papa! C'est toi. » O la douceur de ses vieilles mains se refermant autour de moi et le baiser mouillé de larmes. Papa. Alors j'ai cru penser que puisqu'il était là c'est que j'allais mourir. Mais non. J'étais sauvé. « Allons donc mon Pierrot ta maman t'embrasse. Je reviendrai te voir ce soir. » Le soir il était là quand je me suis réveillé, mais cette fois je le voyais… ses bons yeux riaient et ses lèvres tremblaient de bonheur en parlant, il était vêtu d'une grande blouse d'infirmier et de chaque côté de mon lit se penchant vers moi, blondes parfumées divines, deux infirmières m'embrassaient tour à tour.

144

« Tu n'es pas encore guéri mais tu reviens de loin mon pauvre gosse, une fièvre typhoïde sous forme virulente. Je suis trop heureux. – Et moi donc Papa. Papa. Tu m'achèteras des livres. – Lesquels? – Des livres de photo. »

Papa! Papa qui avait traversé toute la France et dans quelles conditions en plein combat dans les trains de blessés ou les convois de munitions. Papa qui avait alors 78 ans. Quelle force surhumaine avait donc pu le soulever ici et l'amener jusque-là au chevet de son fils mourant ? Chaque jour il m'apportait un livre nouveau. Je les ai gardés ils sont là salis tachés ternis, ces pieux souvenirs. Il avait même acheté à un soldat belge un énorme révolver de guerre et se montrait très fier de son acquisition. Il resta près de moi une huitaine de jours. J'écrivais maintenant chaque jour à Maman. J'écrivis aussi au major Viry. La vie revient, la vie renait mais Dieu que je suis las. « Au revoir Mon Pierre tu viendras bientôt en convalescence et tu ne repartiras plus, la guerre sera finie. – Embrasse bien Maman, ma petite Maman chérie. »

Hôpital militaire anglais. Calais

La femme de l'amiral anglais était chaque jour à nos côtés. Car mon voisin lui aussi vient de se réveiller. Quelle est douce et bonne et belle mais nous comprenons mal ce qu'elle veut nous dire ses yeux parlent pour elle. Dès qu'elle est disparue dans un sourire deux autres infirmières, o les jolies gosses, viennent s'asseoir sur notre lit celles-là n'ont pas besoin de parler pour se faire comprendre, un baiser qui fond comme un fruit dans la bouche un geste précis qui prend notre main et la guide au creux le plus secret et le plus doux ; la leur aussi enrobe et caresse ardemment elles s'étendent sur nous frottant nos barbes noires de leurs seins érigés, leurs pamoisons n'étaient pas feintes mais hélas nous restions de marbre sous leur étreinte. Qu'elles étaient belles ainsi, les dents éblouissantes et les yeux chavirés, chacune avait choisi le sien et revenait dès que nous étions seuls. Ah quelle fureur d'aimer et quel dommage ! Adieu ! Toi dont j'oublie le nom, si je l'ai jamais su, encore un baiser, des larmes. Mais c'était donc vrai un peu d'amour – vous nous aviez sauvé la vie vous vous donniez à nous, vous nous aimiez aussi. Adieu vous en aimerez d'autres la main s'agite la coiffe vole au vent et l'ambulance nous emmène en gare, notre convalescence en poche, 2 mois chacun. « – Tu descends où ? –à Paris et toi ? – je vais plus loin. Bar-sur-Aube » –une page est finie le vent la retourne.

... J'arrive le paysage vu de la portière m'est familier si calme en ces jours de printemps que l'on ne croirait pas que là-bas c'est la guerre. Voici les Vauxcets où le train débouche de sa tranchée, voici Beuvaux et cette ligne de côtes à l'infini dont chaque courbe vivait en moi, voici au loin au bout de la double ligne du rail la toute petite halte d'Arsonval. Jaucourt. Je me penche, je vois, je vois Papa Maman, Annette et le père Girod l'employé et le chef de gare. Tout le monde est là pour me recevoir – un Poilu. Ceux qui ne savaient rien s'écrient « Mais c'est Pierre ! » la surabondante Mme Deloisy m'écrase sur ses appâts. – Bonjour cousine. Cousin Beguin et cousin Georget, M. Cavirot, cousine Desmouillères, Eugène, ma grande Jeanne, ma grosse Mariette. (– tu sais j'irai te voir demain tâche d'être seul), M. Plumet, M. Verrier toute la rue. Enfin chez nous !Il me tardait d'y être et d'interroger et de vouloir tout dire à la fois, « – et toi Pierrot raconte nous donc, parle nous de tout. Et Marcelle ? – elle revient la semaine prochaine et Grand Papa ? – ça va, toujours le même. Papa sourit, la vie est belle – on a acheté une nouvelle jument tu la verras demain,– et Maurice Wareith et Maurice Girod et Maurice Gouthieu et Lucien ?– Aucun n'est au front. Ils ont bien le temps. La guerre finira en avril. »

Jusqu'au soir jusqu'à la nuit sous la lampe tard très tard je suis fatigué. Papa monte dans sa chambre et je me couche. Maman est là, elle ne voudrait pas me quitter. Dieu que c'est bon d'être allongé dans mon vieux lit, je m'endors. Que ma maman parle toujours.

... Le lendemain la première visite fut celle de Mariette. J'étais justement seul, elle ne perdit pas son temps, en préambule un long baiser – assois-toi là Pierre. Puis elle eut tôt fait d'arranger la chose au gré de son plaisir. Le mien fut bref. – Rien qu'une fois dis donc gourmand, tu en veux trop. Ah je n'y pensais guère. Nous n'avons jamais recommencé. Mais elle avait voulu m'offrir quelque chose pour mon retour.

Que je suis faible encore (je l'ai senti sous son poids plantureux) je puis à peine marcher. Mon père m'emmène au crau par le petit sentier derrière chez Boiteux mais je m'appuie sur son bras et je transpire abondamment.

2 mois c'est si vite passé que si j'en résume les jours et les heures, je n'y retrouve que l'immense besoin de tout voir de tout entendre pour emporter tout en quittant les miens.

La guerre n'est toujours pas finie. J'écris parfois des vers que j'envoie au major Viry. Il me répond toujours amicalement. J'ai dû conserver une lettre de lui. Toute jaunie, le seul souvenir qu'il m'en reste.

La Somme et Verdun

Fini. Je rejoins demain le dépôt du 26ᵉ d'infanterie à Mâcon. C'est ainsi dans la vie. Mon père me parle de Mâcon où il a vécu comme dans tant de villes, mais j'écoute mal car la page à nouveau tourne et celle-là toute blanche ; de quoi sera-t-elle écrite ?

Mâcon. J'y retrouve au hasard d'une usine vide où nous sommes logés, les vieilles traditions et parfois des visages connus et des copains. Un gros capitaine fraîchement nommé commande la compagnie. Exercices, marches de nuit manœuvres en rase campagne attaques de la Roche de Solutré. Ah ce bon vin blanc de Pouilly Fuissé comme il donnait des jambes. Je les retrouve d'ailleurs, je deviens un soldat paraît-il magnifique et cité en exemple. Fait d'armes bien anodin et d'ailleurs tellement involontaire : durant une manœuvre nous devions longer un ruisseau profond et bien masqué sous les arbres qui le bordaient, l'essentiel ne pas se faire voir de l'ennemi. Moi coulant de mon mieux entre les branches et l'eau j'ai dû glisser et me suis trouvé debout au milieu du courant et j'ai marché. Le capitaine me vit, son sang ne fit qu'un tour. – Voilà c'est ainsi qu'il fallait faire. Allez-y tous. Croyez bien que je n'y étais pour rien mais j'eu bien du mal à le faire entendre.

Toutes les jeunes classes seront affectées au 17e chasseur à pied. Voilà les dernières nouvelles. J'ai bien un peu de peine à quitter le 26e mais qu'importe nous rejoignons Chambéry une ville à connaître. J'y ai bien connu d'autres choses. Ah les grands fous que nous étions, à deux surtout. Quelles amoureuses performances du moins par le nombre des élues sinon par la qualité du choix.

Quand donc sommes-nous montés en renfort ? Je vois le magnifique château de Pierrefond, j'entends la voix du colonel dire : « Mes amis vous trouverez ici un véritable esprit de corps » et puis c'est à nouveau l'enfer; notre premier contact, du plateau de Lorette nous dévalons sous la mitraille. Il s'agit du ravin qui nous fait face et où l'attaque française a été stoppée. Ah quelle horreur nous courons sur les morts, le sont-ils même ? Nous nous écrasons sur eux quand les obus nous fauchent. Vision dantesque mais celui-là n'était pas mort sanglant adossé au parapet je me sens plaqué par un souffle, un œil pendait de son orbite crevé et l'autre me regardait sans me voir.

Nous avons pris la route de Vimy, occupé le Cabaret rouge. Là plus d'arbres plus de pierres plus de tranchées un tel martellement que l'on finissait par ne plus rien entendre et devant nous comme des pantins cassés — des loques humaines accrochées aux barbelés par groupes par paquets des uniformes verts et des casques pointus — c'était cela notre victoire. La fameuse prise de la crête de Vimy tant célébrée par les salauds de l'arrière, la route du Nord ouverte. Au fait on ne les entend plus les copains du clairon. Quant à la route nous sommes entrés non dans la gloire mais dans la boue sans nom et reprenant notre travail de fossoyeur, nous avons creusé nous avons dérivé toute cette eau qui revenait sans cesse — retourné les parapets creusé des sapes, la pelle la pioche le fusil les grenades sous les 77 et les marmites. Les crapouillots (dernière invention) on les voit si bien monter et pivoter là-haut pour retomber ensuite un peu au hasard dans un effroyable bruit de tôle. La bataille de la Somme. Tu me raconteras peut-être un jour petit Pierre ce qu'elle fut. Pour moi c'est de la boue et des membres coupés qu'on retrouve en la pelletant. C'est la nuit que j'ai passée tout seul à rejeter jusqu'au matin dans un ancien boyau, l'eau qui montait sans cesse. C'est une bombe qui écrase la sape des officiers que je dégage et qui sont morts. C'est la relève dans la nuit moi les lunettes remplies de boue, aveugle au travers des trous d'obus, sous le sifflement des balles combien de kilomètres ainsi dix ou quinze peut-être. Attention un trou — saute — je saute et je retombe au fond une fois deux fois jusqu'au matin où je peux enfin entrevoir me repérer et rejoindre la compagnie où je suis porté absent. « Ah te voilà on a mangé ta part, vas à la roulante. » Mon pauvre petit. C'est tout cela la guerre.

149

La saleté le vice le crime la puanteur et quoi encore – les poux – la constante brûlure de cette chaîne à la ceinture aux poignets sous les bras à toutes les jointures. On n'avait moins le temps de les sentir en ligne, mais au repos le torse nu et la bougie allumée nous faisions glisser les plis de nos chemises sur la flamme et les poux crépitaient en éclatant, la paille qui n'était plus qu'une poussière en grouillait, nous la voyions bouger et c'était là que nous devions dormir avant de remonter en ligne.

Une nuit de tranchées m'est restée plus que toutes en mémoire. Elle était calme, si calme que nous allions dormir quand s'éleva face à nous le son aigu des fifres boches aussitôt une formidable clameur monta de leurs lignes vers nous, un chant rauque. Le bruit d'une masse compacte qui s'ébranle – d'où j'étais je ne pouvais rien voir mais j'ai senti la colère m'envahir comme une eau froide qui monte le long des nerfs j'ai sauté sur le parapet plus haut encore sur quelque chose qui pouvait être le rebord d'une carrière, quelqu'un du bas m'a crié redescend puis la bouche ouverte a tourné sur lui-même et s'est écroulé comme une masse – salauds – Alors tout seul toute la nuit j'ai tiré sans arrêt jusqu'à ce que la culasse me brulât les doigts et jusqu'à ce qu'au petit jour une main se posât sur mon épaule, celle d'un officier d'un autre régiment. « Que faites-vous là – les boches attaquaient mais votre compagnie est relevée partez vite ! Vous êtes un brave, félicitations et citation » – les compliments me font plaisir mais les croix d'honneur merci ! Il faut qu'il en reste pour les cuistots et les tampons.

Cette fois-là encore j'étais porté disparu – Te dirais-je aussi quand nos avant-postes étaient à dix mètres des leurs et quand eux comme nous nous avions de l'eau jusqu'à la poitrine que bien des jours d'un accord respecté nous montions debout sur nos tranchées ils nous passaient des cigarettes nous leur portions des boîtes de singe – nous

nous serrions la main et nous parlions nous essayions de nous comprendre – et c'était beau cela cette fraternité des hommes qui se tuaient hier, qui se tueront demain et qui auraient voulu s'embrasser. – Achtung offizier. Plouf, comme des grenouilles nous replongions dans nos mares jusqu'à ce qu'un coup de sifflet nous prévienne que le péril était passé. Je ne crois pas que nos officiers à nous aient ignoré ces faits, ils laissaient faire eux. Mais en haut lieu dès que l'on apprit pareils agissements je crois que l'on fit tirer nos 75 sur eux au moment même où nous parlions, la trêve fut rompue. Imaginez donc messieurs les bien-pensants Mmes de la Grenouillère du Bénitier – avec qui ferait-on la guerre si l'habitude s'en trouvait prise.

Ah s'ils savaient comme nous nous en fichons de leur victoire. Nous la faisons, nous, la Guerre. Nous les poilus, nous les terreux vêtus de peaux de biques et coiffés de pots à salade par-dessus les passe-montagnes tricotés par les marraines. Nous la faisons nous les pouilleux nous les crevards pour que ce soit la dernière la Der des Der comme dit l'autre.

Nous la faisons nous qui sentons la pisse et la crotte fermez vos nez les vieilles rombières pour que vos fils vivent en paix.

– Je me suis arraché les jambes, malgré les bandes molletières, aux barbelés couverts de boue et ça se guérit mal le major m'a dit – ce n'est pas une blessure d'ailleurs nous partons pour Verdun et là on aura vite fait de vous soigner. Tiens, tiens qu'est ce qui se passe. Je me rappelle maintenant que le major Viry m'avait dit ; je vous recommanderai au capitaine major de votre bataillon où j'ai moi-même débuté. Voilà le major Viry était calotin, je m'en fiche, le major un tel est libre penseur, je m'en contrefiche et c'est moi qui trinque comme si jamais j'avais rien demandé. Je le retrouverai à Verdun le petit bonhomme.

Verdun la plus grande bataille de l'histoire.J'y suis arrivé dans les wagons à bestiaux, mais si mal en point les jambes tuméfiées, énormes et purulentes. A la première visite j'ai retrouvé mon petit bonhomme. Il m'a reconnu vous allez l'avoir votre ordre d'évacuation grogna-t-il après son examen – il l'a signé et me l'a tendu comme s'il voulait mordre. « S'il n'y avait que des soldats comme vous. » C'est trop fort voilà qu'il me prend pour un embusqué maintenant Alors j'ai rejeté la fiche sur le bureau. – dans ces conditions-là et devant cette insulte, moi je reste. Il en ouvrit la bouche et changea de couleur. « Allez partez dit-il et je vous souhaite de ne plus revenir, sans rancune. » Il m'a je crois tendu la main car il avait senti s'être trompé.C'était à Verdun dans les casemates du fort de… je ne cache pas là un secret de la défense nationale, je ne me rappelle plus. Mais ce dont je me souviens c'est que je me suis promis à moi-même de ne plus revenir.En effet j'ai de bonnes raisons, ma vue dont j'ai masqué la faiblesse au conseil de révision. Je n'aurais jamais dû être au service armé mais j'ai voulu faire comme les autres. Mais cette fois j'en ai assez.

On dit nous dans la mouscaille c'est toujours au tour des mêmes de se faire tuer. C'est bien, j'ai fait ma part c'est trop bête c'est du panache à la Cyrano de vouloir dire j'ai fait mon devoir quand on sait très bien que le devoir n'est pas de tuer et quand on sait aussi que tous les fils à papa qui nous traitaient de mauvais français sont ceux-là tous bien embusqués. Non je n'y remonterai pas en ligne. Tu avais raison mon petit bonhomme de major.

Service auxiliaire

Je n'y suis pas remonté mes jambes se guérirent bien vite de l'ecthyma infectieux puisque quelques jours plus tard il n'en restait que les cicatrices que j'ai toujours gardées d'ailleurs. Sitôt sur pied, j'ai immédiatement demandé une visite médicale ça ne badinait pas à ces heures-là toute demande non reconnue valable c'était le retour immédiat aux tranchées. L'oculiste m'a longuement examiné myopie, asthénopie, diplopie et quoi encore. – Mais mon pauvre vous n'auriez jamais dû être versé service armé.J'ai haussé les épaules. Bien sûr mais quoi quand on est jeune, 3 ans m'ont vieilli plus que trente – proposé service auxiliaire maintenu provisoire à la commission de réforme – rejoindra le dépôt du 17e chasseur à pied à Tournus.

Voilà qui a changé ma vie un grand souffle d'air me soulève et m'emporte – on arrose ça les gars. Personne ne peut m'en vouloir. On a dû simplement me prendre pour un idiot d'avoir attendu si longtemps.

Tournus.« – Soldat Ménétrier bachelier Bonne recrue pour les bureaux. A moins dit le capitaine en riant,que vous ne préféreriez travailler en usine – aux fonderies là vous serez payé. Mais je ne vous le conseille pas. »

Alors ça, ça me plaît, si je suis socialiste si je le suis resté si je le resterai toute ma vie ce n'est pas pour parader comme on pourrait le croire. Bien sûr un qui a été au collège chez les Jésuites sa place est au côté des bourgeois pas avec les ouvriers. Pour tous comme pour mon grand-père, ma grand-mère et la tante Louvet je suis un transfuge. C'est là toute ma vie, toute ma vie sera cette lutte.Et la tante Andrée et M. Vaillant: « Pierre allons tu vois bien que ce n'est pas notre monde ». Et bien moi je les aime. Peut-être parce que le Christ les aimait lui-même et que je suis resté chrétien sans le savoir.Le Christ est né dans une étable il a vécu parmi les pauvres, il a choisi ses 12 apôtres parmi la classe la plus malheureuse celle des pêcheurs.

Je sais bien qu'on n'est jamais compris mais qu'importe. Eux aussi ne comprenaient pas quand Jésus disait mon, ils rêvaient de choses miraculeuses qui ne sont jamais dans la vie et peut-être reprochaient-ils au maître tout au fond d'eux-mêmes d'avoir tant promis et si peu donné

« Vous réfléchirez Ménétrier mais j'aimerais vous avoir comme secrétaire. »— Merci mon capitaine je vous en suis tout aussi reconnaissant mais inscrivez moi comme volontaire pour la fonderie…

Tout change. J'ai fait raser ma barbe et j'ai l'air d'un gosse... prêt à embarquer. Oui, voici ma véritable vie qui simplement débute. Entre la veille et le jour, entre hier et demain, il n'y a pas d'espace, aucune césure n'en limite les bornes. Entre Tournus et Dijon entre le 17ème et le 58ème, les heures ne se sont pas arrêtées, les minutes et les secondes ont du même pas marqué leur cadence. Pourtant sans que je sache, sans que nul ne puisse savoir, l'avenir pivotant sur lui-même, pour moi se retournait tout entier. J'allais connaître enfin l'amour, entendre le Oui tant espéré et découvrir sacrifiée par tendresse celle qui serait pour moi l'épousée blanche.

... 58ème territorial notre premier cantonnement château de Larrey en montant la rue de Corcelles[9] où j'ai rencontré Humbertjean[10] qui habitait dans la grande maison de briques rouges là-haut. Le capitaine, un brave vieux me fit naturellement appeler -« J'aimerais bien trouver un secrétaire, il me semble que vous conviendriez parfaitement.– S'il s'agit de ranger des dossiers pendant quelques jours, je veux bien mon capitaine, mais pas plus d'une semaine. » Il fut un peu surpris mais ne dit rien. J'ai donc été gratte-papier 8 jours sans avoir rien écrit. Mais si, quand même une demande d'engagement volontaire – pour l'aviation. Je m'ennuyais. Pourquoi ? que sais-je, les autres étaient plus vieux que moi, personne d'entre eux naturellement n'avait vécu dans les tranchées. Perdu dans cette grande ville qui ne me rappelait rien que les heures lointaines du bachot, un peu triste aussi de ne plus aller à Tournus. Humbertjean me restait, mais lui n'avait rien connu de la guerre et son raisonnement gardait une intransigeance qu'une telle expérience, s'il l'eût faite, aurait <u>probablement changé</u>. Le château s'entourait d'un beau

[9]A Dijon

[10]Son « parrain » au parti socialiste

parc. Je m'y plaisais, mais j'étais là rêveur et désœuvré. Alors nous avons reçu une note de service : Le 58ème territorial devra chaque jour fournir un contingent de cent hommes destinés à la station magasin et aux fours de guerre lequel contingent se tiendra à la disposition du commandant de la dite station. J'étais le premier à le savoir. Je fus le premier à m'inscrire, et le lendemain nous descendions aux fours de guerre. Je franchissais la porte d'un nouveau destin. Comme le bonheur dépend d'un pas...[11]

---

[11]C'est là qu'en faisant des photos d'identité, il fera la connaissance de Marthe, sa future femme

Avec Marthe

Photos

Repos

Auberge

Documents administratifs

DEGRÉ D'INSTRUCTION

5

CORPS D'AFFECTATION.	NUMÉROS	
	au CONTROLE spécial.	MATRICULE ou au répertoire
Armée active. 23ᵉ Régiment d'Infanterie		817
17ᵉ Bᵗⁿ de Chasseurs		6624
58ᵉ R.I.T.		
2ᵉ R.A.E.		
Groupe d'aviation de B.	R	25161
Armée de réserve. Disponibilité et réserve 31ᵉ RAE	R	
3ᵉ Rᵍ de Défense contre		
les aéronefs		
11ᵉ Bᵗⁿ Chasseurs Mitrailleurs		
8ᵉ Section de COA		
Sans affectation		
2ᵐᵉ B		
Armée territoriale et sa réserve. Essembable à Agout le 26 12 55		
N° 37		

CAMPAGNES

campagne double aux armées sous les ordres du général commandant en chef
du 2 Août 1914 au 15 Mars 1916.
campagne simple Intérieur sous les ordres du général commandant la région
du 15 Mars 1916 au 11 novembre 1918.

DÉTAIL DES SERVICES ET MUTATIONS DIVERSES

services pendant l octobr.

Incorporé au 25° régiment d'Infanterie à compter du 4 octobre 1913. nommé au corps et soldat de 2° classe le 28 novembre 1913. aux armées le 2 août 1914. Passé le 13 septembre 1915 au 1/ bataillon de chasseurs aux armées 13° compagnie. Passé à la 4° compagnie le 25 septembre 1915. évacué le 15 mars 1916. arrivé au dépôt le 25 mars 1916. classé service auxiliaire par décision de la Commission de réforme de Macon le 22 juillet 1916. pour :

Passé au 38° régiment d'Infanterie territorial le 22 août 1916. Passé à la 5° compagnie spéciale le 15 septembre 1916. maintenu service auxiliaire par la Commission de réforme de Dijon du 22 novembre 1916. Passé au 2.0 le 23 février 1918 pour être dirigé sur le dépôt du personnel technique de l'aviation au Plessis - Belleville. dirigé sur parc 134 C.A. 38° section le 6 mars 1918. affecté à la 11° section photo le 27 février 1919. Placé en sursis d'appel jusqu'au 31 juillet 1919 puis en congé illimité de démobilisation par le dépôt démobilisateur aéro de la 20° région le 9 septembre 1919. se retire à Jancourt (Aube). Certificat de bonne conduite accordé. maintenu service auxiliaire par décision de la commission de réforme de Dijon du 20 avril 1926. pour :

Classé sans affectation le 27 novembre 1927. Dégagé de toutes obligations militaires le 1er juin 1943.

Table des matières

ISBN :978-2-9547495-3-2